认知语言学视阈下的
英语教学研究

赵 燕 著

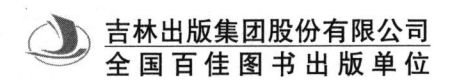

吉林出版集团股份有限公司
全国百佳图书出版单位

图书在版编目（CIP）数据

认知语言学视阈下的英语教学研究 / 赵燕著. -- 长春：吉林出版集团股份有限公司，2022.9
ISBN 978-7-5731-2302-2

Ⅰ.①认… Ⅱ.①赵… Ⅲ.①英语－教学研究 Ⅳ.①H319.3

中国版本图书馆CIP数据核字(2022)第175838号

RENZHI YUYANXUE SHI YU XIA DE YINGYU JIAOXUE YANJIU

认知语言学视阈下的英语教学研究

著　　者	赵　燕
责任编辑	杨　爽
装帧设计	肖慧娟

出　　版	吉林出版集团股份有限公司
发　　行	吉林出版集团社科图书有限公司
地　　址	吉林省长春市南关区福祉大路5788号　邮编：130118
印　　刷	唐山富达印务有限公司
电　　话	0431-81629711（总编办）
抖 音 号	吉林出版集团社科图书有限公司　37009026326

开　　本	787 mm×1092 mm　1 / 16
印　　张	11.75
字　　数	180 千
版　　次	2023 年 1 月第 1 版
印　　次	2023 年 1 月第 1 次印刷

| 书　　号 | ISBN 978-7-5731-2302-2 |
| 定　　价 | 58.00 元 |

如有印装质量问题，请与市场营销中心联系调换。0431-81629729

前　言

　　认知语言学是语言学的一门分支学科,作为语言研究的一种新方法,认知语言学建立在基于使用的语言理论模式之上。在认知语言学视阈下,意义是语言学习的核心,语言学习不再是语言规则学习,而是以语言范例为基础,掌握语言构式而成的语言知识网络。认知语言学认为,语言具有体验性、隐喻性和理据性。范畴化、概念隐喻和意象图式是认知语言学的经验基础。基于人类体验的认知语言学为英语教学注入了新鲜血液,提供了理论指导。英语教学中的多义词、介词、情态动词、翻译、时态、写作、课堂互动等都可以认知语言学为理论基础,笔者在教学中进行基于认知语言学的英语教学实践,并取得了良好的效果。认知语言学作为一门相对较新的学派,也有它的局限性,在未来还有巨大的发展潜力。

　　本书从认知语言学概述出发,梳理了认知语言学的语言观,在阐述认知语言学的经验基础的内容上,系统地对基于认知语言学的英语多义词教学、基于认知语言学的英语介词教学、基于认知语言学的英语情态动词教学等方面的内容进行了研究与讨论。希望通过本书的介绍,能够为读者提供认知语言学视阈下的英语教学研究方面的帮助。

　　在写作过程中,笔者参阅了相关文献资料,在此谨向其作者深表谢忱。

　　由于水平有限,书中疏漏和缺点在所难免,希望广大读者批评指正,并衷心希望同行不吝赐教。

赵　燕

2022 年 5 月

目　录

第一章　认知语言学概述 ·· 1
第一节　认知语言学的概念、内涵及研究对象 ·················· 1
第二节　认知语言学的创立与发展 ·································· 7
第三节　认知语言学的研究目标、理论方法及重要意义 ······ 12

第二章　认知语言学的语言观 ·· 19
第一节　语言的体验性 ·· 19
第二节　语言的隐喻性 ·· 25
第三节　语言的理据性 ·· 29

第三章　认知语言学的经验基础 ··· 32
第一节　范畴化 ··· 32
第二节　概念隐喻 ·· 39
第三节　意象图式 ·· 47

第四章　基于认知语言学的英语多义词教学 ······················· 53
第一节　多义词研究概述 ·· 53
第二节　多义词的演变动因 ·· 56
第三节　多义词的认知解释 ·· 60
第四节　原型范畴理论与多义词 ···································· 62
第五节　隐喻与多义词 ··· 71

— 1 —

第六节 意象图式与多义词 …… 83

第五章 基于认知语言学的英语介词教学 …… 89
第一节 介词的早期研究及习得现状 …… 89
第二节 多义介词的认知解释 …… 92
第三节 意象图式与介词 …… 96
第四节 原型范畴理论与介词 …… 138
第五节 隐喻与介词 …… 143

第六章 基于认知语言学的英语情态动词教学 …… 152
第一节 情态动词概述 …… 152
第二节 意象图式与情态动词 …… 160
第三节 概念隐喻与情态动词 …… 172
第四节 原型范畴理论与情态动词 …… 174
第五节 基于认知语言学的英语情态动词教学 …… 176

参考文献 …… 180

第一章 认知语言学概述

第一节 认知语言学的概念、内涵及研究对象

一、认知语言学的概念

"认知"（cognition）一词起源于拉丁语"cognitio"，《不列颠百科全书》从心理学上讲，认知是人们获得知识、应用知识或进行信息加工的过程。认知是知识获取的过程或知识获取的行为，包括知识建立所需的全部意识过程，如知觉、识别、想象和推理等。认知既是人对外界事物的认识过程，也是对外界事物信息的加工过程。认知是心理学研究的一个重要领域，是心理过程的一部分，是与情感、动机、意志等心理活动相对应的大脑理智地认识事物和获取知识的行为和能力。认知包括一系列活动，即感觉、知觉、记忆、思维、想象和言语，认知过程是对信号的接收、检测、转换、简约、合成、编码、储存、提取、重建、概念形成、判断和问题解决。认知的核心是思维，思维是在感知觉、表象、记忆等的基础上形成的，反过来又影响人的感知觉、表象和记忆过程。

语言学作为一门独立的学科始于20世纪初，并相继产生了结构主义语言学、转换生成语法、功能语言学等多个语言研究的流派。传统语言流派认为语言的意义是客观的，独立于人的思维和运用之外。物体有独立于人之外的内在特性，而语言则是表现内在特性的外在符号。这种语言观认为，语言是一个封闭、自足的系统，语言和客观现实是对应、等同的。作为人类的交际工具，语言在本质上是人类感知、认识世界，通过心智活动把体验到的外在加以概念化，并将其编码的结果。也就是说，语言是人类心智的产物。同时，语言又是

人类心智的重要窗口。认知与语言不可分割，二者的关系体现在如下三个方面：

第一，语言以认知为基础，认知以语言为媒介和渠道。认知决定语言的发展，认知发展到一定阶段产生语言，以此来描述已经认识了的事物。

第二，语言促进认知的发展。瑞士儿童心理学家皮亚杰曾说过，语言不能包括全部的认知能力，也不能决定认知能力的发展，但能促进认知能力的发展。借助语言可以更好地认知事物。在儿童心智技能发展的早期，出声的外部言语阶段是一个非常重要的阶段。在这一阶段，儿童往往通过自言自语的方式来表达自己的思想，借助语言来认知事物，这样思维更清晰。人类社会也是通过语言进行信息交换与思想交流，从而促进社会的不断发展与进步。

第三，语言是记载、巩固和传承认知成果的工具。人类的学习有直接经验和间接经验两条途径。人类既可以通过语言把自己的直接经验记载、保存并传递以及传承，也可以通过语言来习得间接经验，也就是他人的直接经验。

近年来，不仅心理学越来越重视心智的重要性，语言学也强调以人的认知为出发点，通过人类与外界相互作用，从而形成概念结构来解释语言的内在结构。以此理论为基础，20世纪70年代，认知科学和语言学结合生成了认知语言学，这是语言研究的一个新视角。这一新的语言观基于人的经验和认知，认为没有脱离人的认知的意义，也没有独立于人的认知的客观真理。语言不是封闭的、自足的，而是开放的、包容的，是客观现实、社会文化、经验、认知能力等各种因素综合的产物。认知语言学于80年代日益成熟，从90年代至今蓬勃发展，越来越多的研究聚焦到认知语言学。大部分研究关注点在语义学也有相当一部分在句法学和形态学，除此之外，还有一部分研究重心在诸如语言习得、音位学、历史语言学等语言学的诸多领域。

二、认知语言学的内涵及研究对象

认知语言学从认知的角度研究语言，认为语言是认知对世界经验进行组织的结果。文秋芳指出,"认知语言学在强调认知的同时主要强调了语言的体验性、认知主体的想象化,坚持从体验性认知的角度来解释语言"。认知语言学是用我们感知世界的方式作为基础和依据来研究语言的语言学流派。

认知语言学主要有三大假设:第一,语言不是一种自发的认知能力;第二,语法概念化;第三,语言知识源自语言使用。生成语法认为,语言是自主的、独立于人的认知能力的模块,认知语言学的第一条假设与生成语法的这一论调相悖。认知语言学认为,人类的语言能力不应是独立于其他认知能力和知识的部分,语言机制是人的认知机制的一部分,二者应结合在一起进行研究。第二条假设批判了形式语义学,即真值条件语义学,真值条件语义学用数理逻辑作为工具来研究自然语言的语义。第三条假设批判了生成语法和形式语义学的简化趋势。认知语言学认为,语言和人的认知能力是密切相关的,它不仅是一种语言研究的理论、一个语言学派,更代表一种新的语言研究范式。它从认知的角度来研究语言各个方面的组织原则。

传统的社会语言学或神经语言学是以语言的某个方面作为研究内容,而认知语言学则不同,它是从认知的角度研究语言的形式及意义的各个方面。认知语言学研究与认知有关的语言的产生、获得、使用、理解过程中一些共同规律及其与思维、记忆有关的语言知识结构模式。根据认知语言学的观点,语言知识和非语言知识并没有明确界限,在认知的基础上对世界认识便产生了语言,语言的运用和理解过程也是认知处理过程,语言就是对于世界知识的固化符号。认知语言学中的认知主要涉及两个方面:一是语言概念形成中的认知,也就是人是如何用语言符号进行事物的概念化;二是对语言理解和运用的认知过程,也就是人是如何用语言来进行交际的。综上所述,认知语言学的研究范围主要包括范畴化和原型理论、隐喻概念、意象图式、认知语法、相似性、语法化和认知语用推理。

三、认知语言学的创立者

认知语言学是语言学的一门分支学科,它以第二代认知科学和体验哲学为理论背景，在反对主流语言学转换生成语法的基础上诞生，在20世纪80年代后期至90年代开始成型。认知语言学涉及人工智能、语言学、心理学、系统论等多门学科，它针对生成语言学天赋观提出：语言的创建、学习及运用必须能够透过人类的认知而加以解释，因为认知能力是人类知识的根本。

人们普遍认为，认知语言学的创立者是乔治·雷可夫（George Lakoff）、马克·约翰逊（Mark Johnson）及朗奴·兰盖克（Langacker）。其中，雷可夫及约翰逊专门研究语言中的隐喻及其与人类认知的关系，而兰盖克的专长在于认知语法。

乔治·雷可夫：认知语言学的其中一位创立者，提倡隐喻是人类日常语言活动中的必需认知能力。

王士元：香港中文大学现代语言学系暨中研院院士，另一少数专长于认知语言学的华人。

王寅：四川外国语大学外国语文研究中心教授，是我国认知语言学的领军人物。出版了多部相关专著，其中《构式语法研究》是我国首部有关构式语法的著作，并发表了多篇相关论文。

张敏：香港科技大学人文社科学院教授。著有《认知语言学与汉语名词短语》。

四、认知语言学的主要流派

认知语言学不是一种单一的语言理论，而是代表一种研究范式，是多种认知语言理论的统称，其特点是把人们的日常经验看成语言使用的基础，着重阐释语言和一般认知能力之间密不可分的联系。虽然这些语言理论各不相同，但对语言所持的基本假设都大同小异，只是在讨论和关注的具体语言现象上有所差别。认知语言学主要理论方法有：菲尔摩尔、戈尔德伯格等人的"构式语法"（Construction Grammar）、兰盖克的"认知语法"（Cognitive Grammar）、雷可夫、塔尔米等人的"认知语义学"（Cognitive Semantics），以及悉德尼·

兰姆的"神经认知语言学"（Neurocognitive Linguistics）等。

五、认知语言学的基本原则

（一）概念语义原则

意义等同概念化，即心理经验的各种结构或过程，而不是可能世界中的真值条件：一个表达式的意义就是在说话人或听话人的大脑里激活的概念。更为具体地说，意义存在于人类对世界的解释中，它具有主观性，体现了以人类为宇宙中心的思想，反映了主导的文化内涵、具体文化的交往方式以及世界的特征。这一原则表明，意义的描写涉及词与大脑的关系，而不是词与世界之间的直接关系。

（二）百科语义原则

词及更大的语言单位是进入无限知识网络的入口。要一个语言表达式的意义进行全面的解释，通常需要考虑意象（视觉的和非视觉的）、隐喻、心理模型以及对世界的朴素理解等。一般来说，一个词的意义单靠孤立的词典式的定义是不能解决问题的，必须依赖百科知识，方可达到目的。

（三）典型范畴原则

范畴并不是由标准属性模型定义的，也不是由必要和充分特征定义的；相反，范畴是围绕典型、家族成员相似性、范畴中各成员之间的主观关系组织起来的。

（四）语法性判断的渐进原则

语法性判断涉及范畴化。话语的语法性或可接受性并不是二分的，即要么可接受，要么不可接受，而是渐进的。因此，语法性判断是渐进的，并且同语境、语义以及语法规则密切相关。

（五）语言与其他认知机制相关原则

认知语言学之所以称为认知语言学，是因为它要在一般的认知中寻找语言现象的类似物。认知语言学家积极吸收心理学关于人类范畴化、注意以及记忆等的研究成果来丰富自己的理论，从而使认知语言学更加具有活力。由此可见，语言与其他认知机制具有密切关系。

（六）句法的非自主性原则

句法是约定俗成的模式，声音（或符号）通过这种模式传达意义，由此可见，句法并不需要自己特殊的元素（primitives）和理论结构。约定俗成的符号模式是说话人通过实际话语获得的，而要获得语法知识，只有通过这样的符号模式才能实现。

虽然认知范式中有不同的理论方法，但以上六条基本原则足以把这些理论方法紧密联系起来。它们界定了认知语言学的内涵和范围，并使认知语言学与其他认知学科区别开来。

六、认知语言学与形式语言学的区别

认知语言学与形式语言学的区别可以概括为以下几个方面：

第一，与形式语言学相反，认知语言学认为，人的语言能力并不是一种独立的能力，而是跟人的一般认知能力紧密相关。

第二，与形式语言学相反，认知语言学认为，句法作为语言结构的一部分并不是自足的，句法跟语言的词汇部分、语义部分是密不可分的，甚至后者更重要。

第三，与形式语言学不同，认知语言学认为，语义不仅是客观的真值条件，而且是主观和客观的结合，研究语义总要涉及人的主观看法或心理因素。

第四，与形式语言学不同，认知语言学认为，语言中的各种单位范畴和人所建立的大多数范畴一样，都是非离散性的，其边界是不明确的。

第五，与形式语言学不同，认知语言学在承认人类认知共通性的同时，还充分注意不同民族的认知特点对语言表达的影响。

第二节 认知语言学的创立与发展

一、前期研究

认知语言学作为语言学研究中的一股新兴势力，虽然它真正的历史只有几十年，但是其发展可以追溯到心理学与认知科学。认知语言学的产生和发展是对传统语言理论和认知科学批判地继承和创新的结果。

19世纪末20世纪初，德国实验心理学之父冯特在匹兹堡大学进行了思维心理研究，他认为，心理学研究既包括声音发生和感知的外部现象，也包括思维的内部现象，从这个意义上说，他的心理学便是认知心理学的雏形。

1912年，心理学的主要流派格式塔心理学（完形心理学）诞生于德国，后在美国得到广泛传播。虽然格式塔心理学有诸多局限性，但是它强调思维活动的整体结构，即完形结构，它认为在意识经验中所显现的心理现象具有整体性，而不是其组成部分的简单相加。此外，格式塔心理学开始研究儿童思维，这对后来皮亚杰学派及认知心理学等产生了一定影响。

二、重要发展

维果斯基、皮亚杰推动了认知语言学的又一重要发展。苏联儿童心理学和思维发展心理学的代表维果斯基创立了文化历史发展理论，他用这一理论来解释人类的高级技能在本质上与动物是不同的。他还提出了外部动作"内化"为智力活动的理论。他认为，没有语言的心理活动是直接的、不随意的、低级的、自然的，只有掌握了语言后才能转变为间接的、任意的、高级的、社会历史的，外部活动经过概括化、言语化和简缩化而内化为内部活动。维果斯基运用外部活动与内部活动转化，揭示了儿童四维发展的动力，对认知心理学产生了一定影响。

皮亚杰是瑞士著名的心理学家，被称为认知心理学的奠基人，他综合生物学、心理学、语言学等多方面的知识，研究儿童的心理学和发生认识论，由此建立了结构儿童心理学。从广义上说，他的理论属于认知心理学派。他在认知能力方面的研究对语言习得及使用都产生了一定影响，为后来认知心理学和认知语言学的发展提供了理论基础。

皮亚杰认为，心理结构包含图式、同化、适应和平衡。图式是个体行为的结构或组织，个体对外界刺激做出什么样的反应取决于个体的图式。图式以遗传为基础，在适应外部环境的过程中不断丰富和发展。同化是使外界环境因素与个体的内在图式或结构一致，从而使环境因素内化。适应是让主体改变其行为来适应客观变化。平衡是通过调节内部组织和外部环境的相互作用来实现四维结构的不断变化和发展。皮亚杰强调，主客体相互作用产生了行为和认知，语言能力是认知能力和客观环境相互作用的结果。

正因为皮亚杰强调内因和外因的相互作用，他的理论才被称为相互作用论。儿童的智力发展主要受内部因素与外部因素的影响，内因主要是生理的成熟，这是儿童智力发展的必要条件；外因包括物理环境和社会环境。儿童的语言发展受认知能力的影响，语言是认知能力发展的最终产物。皮亚杰的一个重要发现是，语言能力以认知能力为基础，但是不能超越认知能力的发展，由此可见，语言不是简单机械地模仿，还受自身认知能力的影响，儿童的语言习得过程也是同化适应过程。

三、得到重视

20世纪30年代至50年代，由于行为主义和结构主义在语言学界占据着统治地位,维果斯基和皮亚杰的认知理论并没有得到重视。直到 50 年代至 60 年代,随着乔姆斯基生成语法的提出以及维果斯基著作《思维与语言》的重新发表,认知研究才受到重视。

根据 20 世纪 30 年代至 50 年代盛行一时的结构主义,乔姆斯基提出了心灵主义,他认为儿童的大脑中有天生的"语言习得机制"(language acquisition device),儿童通过这种机制来习得语言。他提出把语言学作为认知心理学的分支,通过研究语言能力和深层结构来揭示语言习得和使用的心理过程。乔姆斯基先后提出了转换生成语法和简约论,试图用数理逻辑来描述人的语言能力,却忽视了两个体系的不同,于是他的形式主义注定走向失败。但是乔姆斯基的革命带来了语言学界百花齐放的局面,出现了功能语法等许多派系和理论,而且涌现出人类语言学、语用学等边缘学科。语言研究不再单纯注重形式,而是开始关注功能。语言研究也不仅局限在语言学领域,而是向多学科拓展。这种趋势开阔了语言研究的视野,提供了语言研究的新视角。语言研究的重点开始向认知结构转移,人们认识到语言不是封闭的、自主的体系,而是开放的,是社会文化、客观现实和认知能力的共同产物。

1956 年,维果斯基的著作《思维与语言》再次发表,随后被译为英文著作。维果斯基的相互作用论又重新走进了人们的视野,语言学界开始重新审视其关于思维的基本理论。20 世纪 60 年代,随着心理语言学和认知科学的发展而产生了认知心理学,认知心理学诞生的标志是 1967 年奈塞尔的专著《认知心理学》的发表。认知心理学继承了心理学中完形心理学的一些观点,重新研究内部心理机制。研究涵盖了知觉、记忆、思维和言语等心理过程和认知过程,认为表象与外部客体有一种同构关系,这种同构不是简单的直接对应,而是有深层的认知加工。在概念形成中,认知心理学的原型范畴说对认知研究有很大影响。但是认知心理学也存在不足,如它把人脑完全等同信息加工系统,忽视了人与社会、环境的相互作用。人是有生命、有目的的,人机类比是对人的社会属性的忽视。

四、认知语言学的形成

(一) 开端

认知语言学借鉴了哲学、生物学、人类学的许多理论，比较典型的范畴理论和原型理论就是来源于哲学家和认知人类学家的研究。借助多门学科的推动以及语言学本身的动力，认知语言学得以形成和发展。

认知语言学的直接动力来自语言学本身，尤其语用学与生成语义学派。20世纪70年代兴起的语用学认为研究既要考虑人，也要考虑具体语境，反对脱离语义环境去孤立地研究语义。它为认知语言学做出了三个重要贡献：首先，它把语言的单独研究发展到语境中的语言研究，语境主要有语言环境、社会环境、文化语境以及人的认知体系，语言的研究内容也将人的认知体系囊括在内。其次，用含意推理解释语言理解，不仅提出了由句子意义向会话含意的推导，而且提出了会话含意的推理原则。特别是斯珀伯和威尔逊的相关理论将人类认知的相关性引入语言理解，被称为"认知语用学"。最后，把隐喻纳入语言学的研究范畴。之前的语言学理论都把隐喻看作一种修辞手法，反对从语言学角度对其进行研究。语用学对隐喻的研究视角引发了一系列新的问题。

生成语义学也成为认知语言学的发展基石。生成语义学把语义作为句法生成的基础，不受乔姆斯基句法形式研究的控制。生成语义学认为，自然语言的句法不应该独立于语义，语义也不应该独立于认知，由此便走上了认知语言学的发展道路。

(二) 发展

1980年，雷可夫和约翰逊的《我们赖以生存的隐喻》(*Metaphors We Live By*)出版，这本书从隐喻角度来研究语言，用大量语言事实证明了语言与隐喻的认知结构是紧密联系的，从而推动了认知语言学的巨大发展。此书对认知语言学的贡献也有三个方面：第一，对隐喻研究不同于传统观点，认为隐喻不仅是修辞，更是一种思维方式。人类的认知、思维、语言和行为都蕴含着隐喻，正如书名所言，隐喻是我们赖以生存的。第二，针对传统的语义理论，提出了"经验主义语义观"，认为语义不能独立于人的认知，人的经验和认知能力对语义解释有不可替代的作用。第三，阐释了隐喻认知结构是语言、文化产生发展的基础，同时语言也会对思想文化产生影响。语言形式与意义也不是彼此孤立的，词义发展具有理据性。

雷可夫提出了新的"经验主义"，他认为，人的思维和语言受到感知器官及环境的影响；客观事物只有被大脑感知才能获取意义；推理受人的认知能力、社会文化的制约程度；人类具有隐喻性思维。在此理论基础上，认知语言学的创始人雷可夫、约翰逊及兰盖克等人继续进行认知语言学的系统研究和试验。1987年，约翰逊的《心中之身：意义、想象和理解的物质基础》、兰盖克的《认知语法基础》（第一卷）以及雷可夫的《女人、火与危险事物：范畴显示的心智》在美国出版，对语言学界产生了很大影响，其中，雷可夫的《女人、火与危险事物：范畴显示的心智》标志着认知语言学的形成。

约翰逊认为，由于西方文化传统中的客观主义态度，当前的语义研究忽视了非命题结构和隐喻结构，他对此进行了批判，阐述了与客观主义相对的经验主义语义观。他认为，语义理论不仅应该研究句子的真值条件，还应该研究范畴化问题、图式、隐喻、转喻等。约翰逊还阐释了意象图式和隐喻结构两种认知结构以及两者的物质基础。作为人的思维结构的重要部分，意象图式和隐喻结构也是人类获得新经验的基本方式。它们的物质基础是人与外部世界相互作用的完形与动觉经验。兰盖克、雷可夫分别在他们的著作《认知语法基础》和《女人、火与危险事物：范畴显示的心智》中对此做了进一步阐释，也是在这两本著作中，作者首次正式使用了"认知语言学"（cognitive linguistics）、"认知语义学"（cognitive semantics）、"认知语法"（cognitive grammar）等词语，基于此，《认知语法基础》和《女人、火与危险事物：范畴显示的心智》成为认知语言学领域的经典之作。在这两本著作中，认知语言学的基本理论如经验主义语言观、基本范畴理论、原型理论、认知语法等得到了阐释。

（三）确立

认知语言学诞生的标志是1989年在德国杜伊斯堡召开的一次学术会议，大会宣布发行《认知语言学杂志》，并成立认知语言学协会（ICLA），还同意出版认知语言学的专著。20世纪90年代后，认知语言学逐渐引领语言发展的潮流。

第三节 认知语言学的研究目标、理论方法及重要意义

一、认知语言学的研究目标

语言是一种心理或认知现象，这是当代语言学对认知现实主义的认可。很多语言学派的最终目标都是探索人类大脑中的语言机制，也就是说，语言分析不仅是描述语言现象和行为，更重要的是揭示语言背后隐藏的内在规律，解释语言行为的心理结构和过程。虽然乔姆斯基的生成语法、杰肯道夫的概念语义学、赫德森的词语法等对认知语言学都许下承诺，但是，这种认知承诺只是一个纲领性的东西，不能决定语言理论的研究原则和方法，对语言描写的内容和形式也没有具体要求，它们不属于公认的认知语言学范畴。

认知语言学的组织原则与其他认知科学的组织原则无异，它认为语言是人类心智的产物。语言与认知领域的其他学科密切相关，它是心理、文化、社会等因素相互作用的反映。概念的形成通过语言来反映，并以人类自身的经验为基础。语言不是由任意符号构成的一个符号系统，语言结构与人类的概念知识、身体经验息息相关，并且，人类的知识与身体经验为语言提供理据。词语、句子等语言单位通过范畴化得以实现。其意义以人类身体经验为基础，描

写参照文化模型、认知模型等认知结构。强调意义是语言使用基于人类经验的重要结果。维尔茨比卡（Wierzbicka，1998）指出："语言是一个整合的系统，在这个系统中，一切都通力协作，传递意义——词、语言结构以及语言外手段。"费斯米尔（Fesmire，1994）也指出："认知语言学没有受制于传统的主流生成语言学，尽力解决人类是如何理解自己世界的意义这一问题，并把人类自身置于人类经验这一潮流中，而不是纯粹的形式王国里。"所以，认知语言学"发展了一套人类理解的生态理论"。概括地说，"认知语言学明确地承诺要把意义的身体维度、文化维度以及想象维度结合起来"。不难看出，认知语言学研究的重要内容是意义，而语言学不仅是对语言内部特征的解释，更重要的是可以阐释人类的认知。

综上所述，认知语言学的研究目标便逐渐明了，那就是为概念知识找寻经验证据，探索概念系统、身体经验与语言结构之间的关系及语言、认知和意义之间的关系，揭示人类语言的共性、语言与认知的关系以及人类的认知机制。

二、认知语言学的理论方法

自乔姆斯基革命以来，美国语言学界百花齐放，尤其美国西海岸有两个认知语言学研究中心，有两个主要学派：一个是"圣地亚哥学派"，代表人物是兰盖克；另一个是"伯克得学派"，代表人物是雷可夫、菲尔莫以及凯。这两个学派的主要理论方法有：菲尔莫的框架语义学、兰盖克的认知语法、雷可夫等人的认知语义学、菲尔莫的句式语法福科尼耶的心理空间理论。

（一）框架语义学

框架语义学主要研究词义及句法结构意义。自20世纪70年代中期以来，菲尔莫就一直研究"语义框架"，语义框架在认知语言学的许多研究领域都有极其重要的作用，其研究意义重大。

针对意义的"清单理论"，菲尔莫引入了框架的概念。在框架语义学中，用框架来描写词义。词汇框架提供了"内容",语法结构在这个内容的基础上完成"配置"功能。由此可见,任何语法或范畴都有自己的框架。框架是一种概念系统、经验空间或认知结构,用来对人类总结出来的经验加以概括,并通过具体的语言形式来得以体现。框架语义学认为,要理解一个词的意义,需要激活与该词相关的经验,必须具备概念结构,也就是语义框架知识。菲尔莫的框架涉及人类经验的各个方面,框架可以是内在的,也可以是外在的;可以是静止的,也可以是运动的;可以是时间上的,也可以是空间上的;可以是历史的,也可以是社会的,还可以是动态或历史的。框架为词义的存在和使用提供背景和动因,词语按照一定的原则和方式突出语义框架的某些方面。

菲尔莫尝试刻画的一个认知情景是"商业事件",商业交易框架涉及的概念有:"领有"(possession)、"给予"(charge of possession)、交易、钱。基本框架元素有:钱、商品、买方、卖方。外围元素有:价格、时间特征、找钱等。还有一些其他外围元素,如商品真正的主人、钱的真正主人以及他们与参与交易协议的其他人之间的差别等。根据概念组织原则,我们可以描写"buy""sell"等词的意义、用法以及语法结构。我们利用框架来表达结构化的方式,使场景在结构中被呈现。框架使词语一样结构化,与此同时,框架由词语"唤醒"。由于我们在描写情境时用到的范畴会独立于实际的交际环境,因此,实际交际状况的框架也是需要我们考虑的框架。商业交易框架与其他框架结合起来,相关的文本也会不断丰富。我们在交际中既有"认知框架",也有"交互式框架"。框架是一个重要的认知结构,为词汇的意义提供了概念基础。目前,框架语义学已经被应用到词典学等其他领域,应用范围越来越广。

(二)认知语法

兰盖克分别于 1987 年和 1991 年出版了《认知语法的基础》一、二卷,1990 年出版的《概念、意象与符号:语法的认知基础》和 1999 年出版的《语法与概念化》奠定了认知语法的理论基础。针对生成语法的语言自治观,兰盖克提出了语言的体验观和象征观。他认为,语法和词汇没有本质的区别,词汇、词法和句法构成了一个象征结构的连续体,语法成分是概念输入的结果。一个符号的词汇多义性或者语法多义性都有一个典型的家族中心,其中一些意义与其他意义有图式相关性。认知语法认为,心理经验的各个方面都可以成为语言表达意义,通过这种方式发挥作用的概念被称为"认知域"。概念具有非常广泛的范围,可以是基本的时间、空间,也可以是高级的概念合成物或者一个完整的知识系统。认知域的范围也是如此,其可以是详细的概念结构,也可以是抽象的意象图式,抽象的意象图式是认知结构与认知发展的基础。对于复杂的概念,兰盖克称之为"概念原型",它们存在于我们的经验中,对语言的认知起着关键作用。

除概念原型外,意象图式对语言的认知结构也是必不可少的。兰盖克认为,意象图式是心理经验的基础,它反映人与生俱来的认知能力。有些概念原型也有可能天生就有,但它们是在人类经验的基础上形成的。把意象图式和概念原型结合起来可以解释语言中一些概念的普遍性和重要性。意象图式用图式描写语言形式,概念原型描写典型特征,提供范畴典型。

认知语法认为,一个语言表达式的意义既包括概念的内容,也包括识解这一内容的方式,如情景描写的视角、描写的详细程度、一个结构依靠另外一个结构提供的背景进行识解以及各种突显。

(三)认知语义学

雷可夫和约翰逊等人认为,语义在本质上是主观的,并不反映客观实体。语义描写还包括兰盖克所说的"约定俗成的意象",也就是说,说话人概念化情景的手段是语义表达式的来源。认知语言学的基础就是说话人采用不同手段对情景进行概念化的能力。认知语义学的基本思想可以归纳为以下几点:

第一，经验观。概念的理解并不是孤立进行的，而是要借助头脑中的背景知识组成的语境，也就是兰盖克的认知语法提及的"认知域"。雷可夫用"理想化的认知模型"来描写概念的背景知识与理想的经验模型间的关系，从这个意义上说，雷可夫的"理想化的认知模型"与兰盖克的"认知域"有异曲同工之处。

第二，概念观。对于人脑中语义表征和经验世界的关系，认知语义学认为，大脑或心智对语义建构有重要作用，并对世界经验加以概念化。对于同一概念，不同的人具有不同的概念化方式，由此可见，语言中的语法结构、词语及语法的曲折变化都可以看成对不同经验概念化的编码。

第三，原型观。认知语义学认为，范畴是通过家族成员间的相似性建立起来的，在范畴中，原型起关键作用。范畴有一个内部结构，雷可夫称之为"放射范畴结构"。原型处于此结构的中心，边缘成员则位于范畴结构的边缘，由此形成一个放射状的范畴结构。

第四，隐喻观。隐喻不仅是语言现象，而且是人类思维建构的基础，是我们概念化抽象范畴的重要认知工具。隐喻可以通过人类的认知与推理把一个概念系统地映射到另一个概念域，抽象的语义主要是以空间概念为基础进行的跨域隐喻。

第五，意象图式观。意象图式是认知语义学最重要的语义结构。意象图式是初始的认知结构，是概念范畴的基本途径，是组织思维的重要方式，是获得意义的主要方式。意象图式是通过我们在现实世界的身体体验形成的，再用这些意象图式来理解抽象、复杂的概念。雷可夫和约翰逊认为，意象图式有一些最基本的意义载体，如"容器""路径""系联"等。人们可以根据意象图式把抽象的概念映射到基本的概念域中，以此来认知复杂概念。

（四）句式语法

句式语法是一种语法分析方法，在句式语法中，句法、语义和语义信息具有同样重要的地位，且都不能独立于另外两者起作用。菲尔莫指出："一个语言使用者的大部分能力是许多信息的储藏所，这些信息同时包括形态句法模式、这些模式的语义解释原则，以及在许多情况下它们的语用功能。"不难看出，句式语法继承了传统语法的观点，即语法是由形式和意义的规约对应组成的。句式语法提倡的非模块性是把形式和意义都看作语法成分，而不是彼此孤立的。句式语法强调，语用信息和特殊的语言形式有规约联系，它们一起组成语法句式。

句式语法的研究目标是对语言中句子的形式和意义做出解释，明确语法的能产部分和非能产部分间的关系，以及句式是如何与投射在词汇上的语法部分相互作用的。在这个方向上，句式语法已取得了很大发展。

（五）心理空间理论

心理空间理论是认知语言学的一个重要部分，它认为，语言结构的基本功能是利用和描写认知视角的不同的信息辨认度，要想理解语言的组织结构，首先必须研究人们在交流中建立起来的域，包括人们用成分、角色、策略和关系构建的域。这些域就是心理空间，虽然心理空间既不属于语言自身，也不属于语法，但是离开了心理空间，语言便无法表征。

心理空间与语言结构不同，它们是根据语言提供的线索在话语中建构的心理构造物。心理空间理论认为，语言的解释既要参考外部世界、心理模型和语境，也要依靠自身建构。在交际中，交际双方从同样的语言和语用材料中建立起相似的空间结构，这样才可以顺利交际，由此可见，交际可以看作空间建构的结果。除了语言研究外，心理空间理论在人工智能等学科也广泛应用，有巨大的潜力，目前它已发展为概念整合理论、合成理论或心理约束理论。

三、认识语言学的重要意义

一方面，认知语言学对语言研究有着不可替代的重要意义，我们可以引入国际先进认知语言学理念，与我国国内语言研究实际相结合，用认知语言学的理论和方法解释无法解释的语言现象，把我国对认知语言的研究进行理论化和系统化。目前，我国已相继出版了认知语言学的一系列专著。

另一方面，认知语言学对外语教学也具有指导意义。语言学研究的每一阶段都能带来语言教学的革新，为我们的外语教学注入新的活力，对提高教学质量具有积极意义。此外，认知语言学研究语言的运用规律，可以加深人们对语言学习和语言运用的认知过程和规律的理解和运用，使语言学习者不仅知其然，还知其所以然，使学习效果明显提高。

第二章 认知语言学的语言观

第一节 语言的体验性

语言伴随着人类社会的发展过程，是社会发展的产物，是人类文明的重要标志，它是人类认知自身和认识世界的重要工具，也是人类与客观世界联系的纽带。随着语言的发展，各种语言都具有不同的话语体系。语言观是人们对语言总的观点和看法，是一个人的世界观在语言观察中的具体体现（徐盛桓，2009）。理解一种语言理论，需要清晰地认识其对应的语言观。只有理解了语言观，才能确定与之相适应的理论与方法论。由此可见，首先我们要对认知语言学的语言观有基本的了解。

第二代的认知语言学认为，心智是基于体验的，意义是基于身体经验的，思维也是基于体验的。哲学的发展离不开语言的发展，哲学的发展又促进了语言的进一步发展。哲学流派的不同导致多个语言学流派的出现，各个语言学流派观点的不同带来了争论，其争论的本源是语言与世界的关系。西方哲学有唯理论和经验论，前者强调理性，认为语言是人的天赋的一部分，主张从内部研究语言，代表人物是柏拉图；后者强调的是经验的重要性，主张从外部研究语言，代表人物为亚里士多德。这两大派别的观点互相对立。这两大派别的斗争一直延续到20世纪的认知科学，认知语言学家把唯理论和经验论都归为客观主义，针对客观主义提出了非客观主义的体验哲学。体验哲学是第一代认知科学和第二代认知科学的主要区别，第一代认知科学认为，人的心智与体验无关，感知独立于身体运动，是客观主义。而第二代认知科学认为，身体经验是心智活动的基础，倡导体验哲学，是非客观主义。

传统语言学均未涉及人的人体体验活动。认知语言学认为，语言并不是脱离实际或使用凭空想象捏造的，而是依赖人与现实的互动经验。语言的体验性体现在语言的产生和使用中。

在语言的产生方面，认知语言学认为，语言是基于感知和体验的、对世界的高级认知活动。人与世界进行互动，从而具有体验性的经验，再把这种体验性的经验加工呈现出来，于是便产生了语言。稍加留意，我们就会发现任何一种语言都源自我们身体的切身体验，如英语中有 hand in hand、face to face 等。在语言的使用方面，不同的语言表达式会引导使用者注意事物的某些特定方面，反映出不同的观察视角（Littlemore，2009：13），从而形成对同一现实事物的不同认知。身体体验不同，所表达的语言也不同。不同民族对空间的体验各不相同，在中文里，我们描述方位时习惯从"东"开始，按照顺时针的方向依次是"东、南、西、北"，而在英语中，英语本族语者则以 north 作为起点，按照顺时针依次是 north、east、south、west。在东、西与南、北搭配使用时，英文的表达习惯和中文恰好相反，英文习惯将南、北置于东、西的前面，所以，中文里的"东北"，英语中会习惯表达为 northeast。

不仅如此，身体体验还会参与我们对语言的理解。当读文章或者与人交谈时，我们会自觉激活相应的感知和运动形象，从而可以"身临其境"，更容易理解我们接触到的语言信息。例如在 Richardson 和 Matlock（2007）的研究中，要求受试者观察一幅图片，图上是一条横穿荒野的路。在受试者观察图片的同时，会听到与之对应的文字描述。第一组受试者听到的是道路崎岖不平的描述，第二组受试者听到的是道路平坦宽阔的描述。实验结果表明，第一组受试者的目光在图片上移动的速度明显低于第二组。通过实验我们可以看出，受试者在处理文字的同时，也在体验文字所描述的场景。

认知语言学不同的认知观也反映了不同的语言学流派，厘清哲学对语言的影响，把握认知语言学体验观的哲学理论基础、基本特性对人类活动具有重要影响。

第二章　认知语言学的语言观

一、语言认知体验观的哲学基本属性

(一) 世界范畴的主客观性和依存性

范畴是认知语言学的一个重要概念，也是心理学的热点话题。范畴不是对客观世界的镜像反映，而是人类在对外界感知和体验的基础上形成的。人类在认识纷繁复杂的事物时，运用自身的认知能力对其进行分类。随着自身认知能力的不断提升，会对认知对象不断整合优化，以实现用最小的认识努力来认识最多事物的目的。在语言学习方面，这也符合语言的经济性原则。范畴的主观性是指认知主体具有主观性，认知主体的范畴化过程也具有主观性，范畴的呈现方式也是主观的。范畴的客观性是指事物的独立性，独立于认知主体，不依赖其他事物而存在。范畴的主观性和客观性相互依存、相辅相成，以此形成了其依存性。范畴的主客观性和依存性是人类思维体验性和互动性的基础。

(二) 人类思维的体验性和互动性

语言是思维的工具，思维是认知的核心。人类社会、哲学的发展都离不开人类思维，人脑是人类思维的主要载体。人脑在不断的体验中得到进化和发展，从只能进行简单的概念活动到可以进行抽象思维，是一个螺旋上升的过程。在体验过程中，大脑逐渐开发其潜力，发展了高度的抽象概括能力以及认知推理能力。体验性是人脑和人类发展的重要特征，人类思维也必然具有体验性。人类的思维过程主要有分析与综合、比较与分类、抽象与概括、具体化与系统化等阶段，每个阶段都需要人类的体验。分析与综合是思维过程的基本环节，所有思维活动都离不开人脑的分析和综合。面对纷繁复杂的世界，人脑需要对其进行分析与综合，用最少的努力认知最多的事物，对事物的分析与综合是实践体验活动的需要。比较与分类是思维对事物的进一步加工，确定各种事物或现象的异同。如果没有人类体验做基础，就不能准确把握事物的属性、特征和相互关系。抽象与概括是在头脑中把抽象出来的事物的本质属性综合起来并加以推广，使其普遍化。具体化与系统化是用理论指导实践，是抽象活动见之于客观的再体验的过程。体验性贯穿整个思维过程，是一个不断循环、不断深化、不断上升的过程。每个阶段都表现出心理活动与实践体验的交互特征。

（三）心智结构的隐喻性和完整性

心智结构是人类进行思维活动过程中表现出不同层次的功能模块组成的有机系统。人类在认识客观世界的过程中要进行心智加工，在心智加工后才能用语言形成对客观世界的表征，在心智活动中也需要语言来思维。为了满足认知主体的需要，心智活动基于客体的属性不同而有所不同。心智活动源自现实，是对客观世界的抽象反映，隐喻性是心智活动的一个主要特征，并且应用广泛。人类最先了解周围熟悉的事物，对于抽象的事物或概念借助概念隐喻进行理解，把不熟悉的事物映射到熟悉的概念中去，以帮助人类理解抽象的、陌生的事物。如 life is journey 就是一个常见的隐喻，表面来看，两者没有关联，隐喻引导我们借助熟悉的事物去了解不太熟悉的事物，源域的特性被投射到目标域中。隐喻让源域和目标域的各个特性相联系，二者存在交叉点，形成一个系统组织，构成完整的一个隐喻结构。完整性也是心智活动的一个特征。

（四）概念结构的非符号性和构建性

概念是思维的基本形式，突出事物的本质特征。概念结构是认知心理学和认知语言学的重要研究内容。原型范畴理论认为，人脑中具有概念的原型表征。人类认知主体在形成概念时，会根据成员特征的相似度而进行原型匹配，然后根据认知对象的不同程度产生概念化，最后产生概念，这些概念用语言符号表示。概念结构的非符号性是指概念结构，而不是符号结构，它与外部客观事物不直接对应。概念结构是认知主体在与外界事物的互动体验过程中所建构的心理范畴。概念结构由概念及其关系组成，人类知识系统由大量的概念及其关系组成。概念相互依存、相互联系，是人类记忆、信息提取、加工和认知的重要基础。不同的概念根据彼此之间的关系形成一个既相互独立又相互联系的概念网络。在实践体验过程中，认知主体会形成不同的认知和概念。概念随着文化的不同而会产生差异，随着时间的推移，产生新的特征，由此进一步构建概念。概念结构与外界事物并不是一一对应的关系，而是以人的主观认知为媒介进行建构，不能像形式主义那样用固定的符号表示。综上所述，概念结构具有非符号性和构建性。

（五）意义系统的模糊性和整合性

体验哲学认为意义是一种心智现象，它的基础是体验，具有模糊性和整合性。与形式主义不同，其没有明确的界限。意义是基于原型范畴理论，用整合的方式获得表征。客观事物之间没有明确的界限，如胖和瘦、高和矮之间不存在清晰的界限。作为对客观事物表征的语言，也不可能存在明确的界限，语言在符号表征上也具有模糊性。近义词就是一个语义模糊的例子，它们之间没有绝对的界限。这是人类在长期实践中对客观事物形成的认知和体验，这种意义的模糊性源于人类认知和语言的模糊性。这种模糊性是人类对事物的认知以及自身认知能力不断提升的过程，在这个过程中，人类对事物本质的把握越来越准确。意义系统的另一个重要特征是概念整合，意义系统的各个部分经过人脑对其进行加工、整合，通过整合建构意义，进一步形成意义系统。

二、语言认知体验观哲学基础的基本价值

（一）语言认知体验观哲学基础的认识论意义

语言认知体验观哲学基础对于语言认知体验观的五个方面都有重要的认识论意义。语言认识观的第一个方面强调世界范畴的主客观性和依存性，它的哲学基础认识论的意义在于，一方面它尊重事物与规律的客观性；另一方面它承

认了人类认知的主观能动性。语言认识观的第二个方面强调人类思维的体验性和互动性，体验性是人类在认知过程中的一个重要特性，人类在不断体验中提升自己对事物的认识，逐步把握事物的本质属性。在这个体验过程中，也不断提升自己的认知能力。语言认识观的第三个方面强调心智结构的隐喻性和完整性，它的哲学基础认识论的意义在于表征人类思维如何进行心智加工、如何表征抽象概念。语言认识观的第四个方面强调概念结构的非符号性和构建性，它的哲学基础认识论的意义在于把握概念的本质和结构特征，因为客观存在和概念结构的概念是认知主体认知心理范畴的对象和表征，即掌握了认知对象的本质是意义建构和形成的重要保障，完善了客观世界、符号表征和心智活动的关系。语言认识观的第五个方面强调意义系统的模糊性和整合性，它的哲学基础认识论的意义是在对事物本质认知的过程中不断提升人类的认知能力，对事物的本质属性的把握越来越准确。在人类体验、感知和认知世界及语言的过程中，语言认知体验观的哲学基础发挥了重要作用。

（二）语言认知体验观哲学基础的方法论意义

对人类实践的启发和指导是语言认知体验观哲学基础的方法论意义。人类的认识活动是在实践和认知中不断上升的过程，在这个过程中，人类主要以语言认知体验观的哲学基础为理论指导进行对世界及语言的探究。语言认知体验哲学观可以引导人类获得对事物更深刻的认识，并不断提升自己的思维，从而能够辩证、系统、全面地看待事物。对于语言的发展，既关注语言的纵向发展，又关注其横向拓展，以发展的、全面的眼光对待语言的发展，用定量研究和定性研究相结合的方法研究语言，探索语言现象背后的语言本质。同时，语言在传承优秀语言成果的同时要不断创新，包容接纳新的语言现象，用现有的语言表征新鲜事物和现象，在体现创造性的同时体现语言的经济性。

语言认知是一个复杂而漫长的过程。探索体验观的哲学基础及其认识论和方法论意义可以帮助我们更好、更有效、更准确地认识和把握语言现象和语言活动，探索其本质，从而为人类的各种社会实践服务。

第二节 语言的隐喻性

认知语言学认为，语言具有隐喻性，隐喻不是特殊的语言表达方式，而是一种语言常态。英语中有70%以上的表达是具有隐喻性的，很多我们习以为常的无意识的表达都具有隐喻性。隐喻不只是语言问题，更是人类所特有的一种思维方式。思维本身就具有隐喻性，我们利用隐喻的方式建立思考和行动的概念系统。

隐喻是人类处理抽象概念的一个重要手段，不仅如此，隐喻还是抽象概念的一个组成部分。对于抽象的概念，我们往往会借助我们身体能感知、接触到的概念进行理解。如用身体体验来理解时间概念、用身体体验来理解一些表示心情的表达。

国际知名语言学家詹姆斯·兰道夫教授借用空间方位来描述汉语里的时间概念。用汉语的"前"和"后"分别指英语的"far past"和"far future"，用汉语的"上"和"下"分别表示英语的"immediate past"和"immediate future"，如图2-2-1所示：

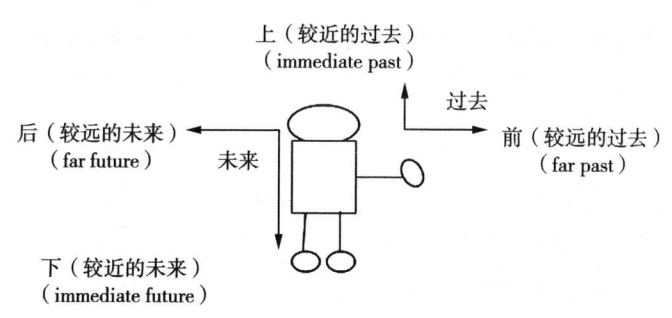

图2-2-1 汉语基于方位词的时间概念图（Lantolf，2011：41）

此外，雷可夫（1990：380-389）在分析一系列表示生气的词汇后，指出它们与人的身体体验有关，也就是说，气愤相当于热量（Anger is heat）。此种热量既可以是固体，也可以是液体。当它是固体时，气愤是火（Anger is fire)，具有散发热量和呈现红色的特征。例如：She was doing a slow burn. He was scarlet with rage. 当它是液体时，装在容器里的沸腾的液体就像气愤，释放热量和内部压力。例如：I have reached the boiling point. He was brimming with rage。

从语言学的角度对隐喻进行研究和分析是语言学研究的认知基础，其核心是将隐喻理论从语言学的角度逐步转移到实际的语言交际中去。这就需要有一定的方法和框架结构来研究认知语言学，通过对比、语义、互动等方法对概念隐喻理论进行更深入的分析和演示。

隐喻常常存在于语言应用中，并逐渐在交际中发挥着重要作用。特别是从认知语言学的角度来看，隐喻可以更好地解决语言难以表达的障碍并赋予隐喻更高级的情感色彩。在隐喻理论的应用下，隐喻只要掌握了对技巧的合理运用，就能有效地将直白唐突、不适和尴尬的语言情境化解，并改善人际关系，提高交际效率，达到更高级的交际形式和会话气氛。

除日常生活外，文学语言的隐喻性尤为显著，文学语言用生动、形象的隐喻把事物刻画得惟妙惟肖，使道理在无形之中深入人心，让人醍醐灌顶。文学作品文本大多是虚构的，读者在阅读中会激发自己的体验和认知，这就是一种隐喻思维。隐喻性语言既可以使作者在创作中把抽象的感情或事物具体化，也可以让读者在阅读文学作品时充分发挥自己的想象力去领悟和感知语言背后的深意。在文学作品中，语言的隐喻性有助于加强作品的深意，展现出一种"只可意会，不可言传"的意味。

在科学领域，隐喻具有理论建构功能。隐喻在科学中也是无处不在的，许多自然科学理论都是通过隐喻建构出来的。在一定程度上，隐喻是自然科学概念的"助产士"。雷可夫以及约翰逊（1999：543）断言，作为科学之科学的哲学，如果没有隐喻，它也将不复存在。

古德曼在《艺术的语言》中宣称"隐喻可以视为一种改变观察世界万物的模式"。波普尔（Karl Popper）指出人类根据某些"内在先天的预期"隐喻地

第二章 认知语言学的语言观

映射现实,并通过试误筛选(trial-and-error limination)获取外界知识。利科提出分裂指涉"悬搁"论,强调隐喻是"指谓"与"命名"相争的产物,认为与"情感""想象"结下不解之缘的隐喻同时具有间接指涉现实、"内化"(interiorize)思想和重新描述世界的功能,隐喻的意义即在于否认"意义"(sense)与"表达"(representation)之间的固有划分而突破旧有范畴,建立新的逻辑联系。奎因指出"隐喻的要义即通过类比方式创造性地向外扩展"。对隐喻认知机制与原理进行系统有效的研究是由两个美国人共同完成的。1980年,隐喻研究进入了一个新时代,其标志是芝加哥大学出版社出版了由雷可夫和约翰逊两人合作著成的《我们赖以生存的隐喻》。在书中,他们比较系统地提出了概念隐喻理论。该理论一面世,就引起了世人的强烈关注,也在隐喻研究领域引发了革命性的变革。

一、隐喻研究理论的概述

(一)隐喻的传统理论

隐喻研究可以追溯到 2000 多年前,亚里士多德的对比论认为,隐喻是用一个词来代替另外一个词,这两个词的意义是一样的。他认为隐喻是省略了"like"和"as"的明喻。一个著名的例子是 John is a fox,在这个隐喻中,省略了明喻中的"像"。亚里士多德的对比论为隐喻研究做出了巨大贡献。但是也有局限性,如隐喻只能指名词、隐喻只能用在诗歌等文学作品中。

为了打破对比论的这些限制,昆提连在亚里士多德理论的基础上突破了它的形式限制,提出了替代论。他认为,隐喻是诗歌中的一种文体效果,是把一个词或短语从其直接的意思转换成另一个词或短语的艺术变化。昆提连一直在探讨隐喻的提升作用,并从隐喻的功能角度将其视为文体的最高修饰。然而,对比论和替代论具有共同之处,两者都认为隐喻是一种修辞手段,是正常语言风格和规格的一种偏离,具有不符合语法规则的特点。对比论和替代论对当时认知语言学的发展意义重大，但是在语义域也有一些局限性。此外，在隐喻理论研究中缺乏实际的语料素材，素材大多取自诗歌，缺少语言的实际交流效果，是一种脱离语境的静态系统。

（二）隐喻的当代发展

随着语言学的发展，由于对比论没有表明其在人类思维中的重要性而受到了雷可夫的批判。随后，理查德在他的著作中提出了新的观点，后来这个观点发展为相互作用论。理查德不认为隐喻是正常语言规则的偏离，相反，他认为这是一种普遍的语言规则。相互作用论认为，语言是隐喻性的，隐喻是创造新意义的过程，是一种认知过程。相互作用论为隐喻研究提供了新的视角。但是，它也具有局限性，如互动理论没有强调相似性转移的概念，该理论也没有指出修辞句中如何进行互动，缺乏对如何互动的具体指导。

随着认知语言学的发展，隐喻研究也获得了越来越多的关注，20世纪70年代开始，隐喻研究进入了一个新的时代。到20世纪末，已有很多语言学家开始从认知角度研究隐喻。随着雷可夫和约翰逊的《我们赖以生存的隐喻》一书的出版，开启了从认知角度研究隐喻的新征程，这也是隐喻研究历史上一个重要的里程碑。很多语言学家利用语言素材来阐述语言和认知间的关系，开始重新考虑语言以及隐喻之间的连贯性，隐喻研究达到了新的前沿。正如雷可夫所说，隐喻是借助一种事物来理解另一种事物，人类可以在不同的概念之间建立联系。我们用熟悉的事物来理解不熟悉的、抽象的事物，隐喻不仅存在于语言中，也存在于人类的思维和行为中。从本质上说，人类思维也具有隐喻性。

二、通过关联理论对隐喻理论进行分析

（一）隐喻中关联理论的产生

关联理论是认知语言学的一个语言交际理论，于1986年由法国学者 D.

斯珀波和英国学者D.威尔逊提出。关联性理论认为,人类交际和认知的核心是关联性,关注信息交际过程。以D.斯珀波和D.威尔逊为代表的关联理论学派认为,只要听者能领会说话者要表达的含义,就表示其理解隐喻。以美国语言学家R.卡森为代表的新关联理论学派认为,隐喻所传达的信息是明喻,在这个过程中,有一个需要不断调整的编码概念。这两种关联理论都认为,在解码隐喻过程中需要发挥人类的认知能力和推理能力,这两种能力都要遵循关联性原则。在语境中通过复杂的语义关联产生了隐喻。关联理论认为,隐喻的构建和理解是听者在特定的认知语境中通过推理来获得关注期待的过程。关联理论为隐喻的理解和认知能力的提高提供了理论基础。

(二)用关联性来解释隐喻理论的依据

关联理论隐喻观的基础是语用学理论,在语境中,在隐喻的作用下,人们通过推理实现交际功能。语境在理解隐喻的过程中至关重要,在语境中,人类对隐喻进行自然的推理过程。用关联理论解释隐喻,可以全面考虑语境和交际因素,是对隐喻研究的必要补充。关联理论突出隐喻研究中推理、语境及临时概念的重要性。关联理论证明,隐喻通过语言表达可以间接影响行为的产生和实施。

综上所述,隐喻是一个融合了心理和文化的现象,是一个跨学科的领域。认知语言学视角下的隐喻研究要不断拓展语言学框架和语言学的范畴和视野,这样才能更好地对隐喻理论的实践应用起到作用。隐喻是人类在与世界互动过程中积累起来的认识世界的手段,隐喻是人类宝贵的财富,也是人类赖以生存的方式,隐喻之于人类,犹如基因之于物种。

第三节 语言的理据性

传统语言学认为,语言的形式和意义之间没有任何逻辑关系,形式和意义具有任意性，这也是索绪尔对于语言任意性的解释。但索绪尔承认，哪怕任意性原则在语言的词汇层面上也不是绝对的，至少有两种词不完全任意：一是具有"语音理据性"（phonetic motivation）的象声词、感叹词，只是它们在语言的词汇总量中很少，可以算作普遍任意性中的例外；二是具有排列方式的理据性复合词或词组。全世界的语言中都有"声音像似"（phoneticiconism）。但是这种语音像似在任何语言中都过于零散，无法构成语言的基础。

认知语言学否定了这一理论，认为语言具有理据性。语言中的很多现象都是有理可循的。比如对于英语中的多义词，传统语言学认为，多个义项之间是杂乱无章的，而认知语言学看到了它们背后的联系与规律。

理据性是符号学的最基本概念，指符号与对象之间非任意武断的联系。索绪尔把"任意武断性"的反面称作"理据性"，他坚持认为符号与意义之间没有理据。皮尔斯没有用"理据性"这个术语，但他的理论体系却立足理据性。

皮尔斯的符号学一开始就不以语言为符号范式，导致符号与其对象之间的关系显示出各种"本有的"连接。皮尔斯认为，根据与对象的关系，符号可以分成三种类像符号（icon）、指示符号（index）、规约符号（symbol）。前两种是有理据性的符号。

此后，符号学界发现语言中理据性范围相当大。乌尔曼进一步指出语言中有三种理据性：语音理据性（即拟声理据）、词形理据性（衍生词理据）、语义理据性，指的是各种修辞性语言，尤其是比喻与转喻（Ullmann, 1962: 81）。有论者认为，一旦语言"风格化"，就可能获得理据性（Merrim 1981: 54）。瑞恰慈就认为，仪式性（ritualistic）的语言是有理据的（Richards, Ogden & Wood, 1923: 24—47）。费歇甚至认为，语法是一种"图表像似"，因为语法实际上是意义的同型结构，与意义相应（Fisher, 2010: 279—298）。由此，乌尔曼几乎推进到了最后一步："每一个习用语，都有任意武断的词，也有至少部分有理据，即透明的词（Ullmann, 1962: 7）。"但是在这些中外论者看来，语言中理据性再多，也都是部分的、偶发的。近年来，有些符号学家提出应当建立普遍理据性，或符用理据性。

在理据性方面，认知语言学认为，语言的形式与意义之间的关系并不是任意的，而是有理可循、有据可查的，理据性常常等于非任意性。如英语中的"out of mind"可以理解为"失去理智"，mind 被喻为"思想"这一容器（王寅，2007：410），某人在思想的容器之外，则其理据意思便是其失去了理智。语言的理据性分为形式—形式理据、形式—意义理据和意义—意义理据三类。形式—形式理据主要是指分布在语音层面的头韵法，如英语中的 tit tat、fall flat、spick span 等。形式—意义理据主要有三种：数量理据、顺序理据和象声理据（王寅，2007），下面介绍前两种：数量理据是指单词或句子的长度与复杂程度成正比，也就是说，越长的单词或句子理解起来越复杂。顺序理据分布在语言的多个层面，比如具体到习语层面，习语中单词出现的顺序并非任意的。如在习语 day and night 中，如果把 day 和 night 的顺序颠倒则不符合我们的认知与逻辑习惯。意义—意义理据主要分布在语义层面，比如，多义词是英语中的一个难点，多义词有多个义项，这些义项一般以原型义为中心，通过隐喻、转喻等不断向外扩展，多义词的不同义项之间都具有某种理据性，学习者根据这种理据性就能建构起一个有理据支撑的多义词网络。

第三章 认知语言学的经验基础

第一节 范畴化

"范畴"是认知语言学中用途广泛的一个术语,一种事物与和它类似的成员组成一个范畴,一类事物和它所包含的事物也可以形成一个范畴。从广义上说,范畴与概念是一致的,在严格意义上,虽然范畴是事物在认知方面的归类,概念是指词语的意义范围,但在认知语言学的很多情况中,二者都可以通用。

客观世界存在着各种千变万化、纷繁杂乱的事物,大脑为了有效地认识客观世界,采用分析、判断等方法对客观事物进行分门别类的存储和记忆。在这个过程中,人们根据各种事物的共性来认识、加工、分析事物,同时,融入自己的主观判断,这种认知是主客观相结合的产物。这种主客观相结合对事物的分类过程就是范畴化的过程,其结果就是认知范畴。基于范畴化,人类得以对客观事物进行高级的认知活动,由此形成了概念,赋予了语言符号意义。范畴化理论有经典范畴化理论和典型范畴化理论。经典范畴化理论认为,范畴是根据一组充分必要条件来界定的,范畴内成员的地位平等,且范畴的界限清晰。维特根斯坦用家族相似性理论批判了经典范畴理论的缺陷,随后柏林等学者把这一理论发展成为典型范畴化理论,并提出了与经典范畴化理论相对的主张。典型范畴化理论最具代表性的认知语言学家是雷可夫,他提出了理想化认知模型和辐射性范畴。认知语言学家认为,范畴内的各个成员有不同的典型性。典型是最佳成员实例,典型性显著的成员位于范畴的中心地带,典型性不显著的成员处于范畴的边缘地带,形成一个辐射范畴。

一、经典范畴理论

经典范畴理论的原型是柏拉图和亚里士多德的范畴化理论，它的主要理论原则如下：

(1) 范畴由一组充分必要条件来界定。
(2) 特征是二分的。
(3) 范畴之间有清晰的界限。
(4) 范畴内成员之间的地位是平等的。

以 man 的定义作为例子，在"人是两足动物"这一定义中，"两足"［two－footed］和"动物"［animal］都是必要条件，缺少任何一个定义的概念都不能称为人。不具备这两个条件的实体都不属于"人"的范畴，具备这两个条件的实体就属于"人"的范畴。由此可见，范畴有非常清晰的界限。范畴内的成员都满足所要求的充分必要条件，它们的地位都是平等的。

长期以来，经典范畴理论被绝大多数学科作为真理而普遍接受。20 世纪的现代语言学主流也深受其影响，音位学、句法学、语义学中的语义特征分析方法的理论基础就是经典范畴理论。在语义分析方面，经典范畴理论有以下三种优势：

(1) 能为词汇系统建立起相互关系，如男孩—女孩、丈夫—妻子等。这些成对词里的对比性特征是［男性］［女性］。运用特征分析，我们能够获知词与词之间诸如内包关系、上下义关系等其他关系。

(2) 特征分析可以对自然界的物体进行定义，从而表明语义的选择限制。如不是所有名字都可以做动词的主语或宾语，一个动词的语义限制需要说明哪些名词可以做主语。

(3) 有利于确定句子之间的语义关系，如蕴含关系、矛盾关系、因果关系等。例如，John is a bachelor 蕴含 John is a man，但是与 John is married 矛盾。

在语义分析方面，虽然经典语义学具有独特的优势，但是也有它的缺陷，具体如下：

（1）经典范畴理论强调范畴内成员地位的平等和特征的共享，结果是有很多实体被排除在范畴之外。罗施等分析"家具""交通工具"和"水果"等范畴，发现范畴的内部成员很少有经典范畴理论所说的共同特征。比如"家具"范畴中的成员只有一个抽象的共同特征，比如"用于家庭生活"，除此之外，床、柜、桌、椅等成员在形状或用途上都没有共同点。这说明经典范畴理论所描述的范畴成员具有共同的基本特征的观点是不准确的。

（2）充分条件和必要条件不能准确界定范畴成员的意义和属性，如"单身汉"是否包括离婚男子等。

（3）范畴边界模糊并且变化的现象是经典范畴理论所不能解释的。如［Fruit］和［Vegetable］似乎是两个边界明显的范畴，但是，"西红柿"究竟属于"水果"还是"蔬菜"的范畴就似乎难以界定了，由此可见，"水果"和"蔬菜"之间界限模糊。

二、典型或原型范畴理论

针对经典范畴理论的缺陷，维特根斯坦在其著作《哲学研究》中批判了经典范畴理论，并提出了家族相似性理论。维特根斯坦把范畴看作家族，家族成员之间具有相似性，而不是完全相同的，因此，范畴中的成员也是相似而非一致，这些相似的属性使一个范畴区别于其他范畴，人类就是根据这种相似的属性对事物进行概括，这种相似性就是维特根斯坦所提出的家族相似性。

维特根斯坦的家族相似性理论在心理学界、社会学界和语言学界都引起了强烈反响。随后，柏林和凯、罗施等人把这一理论继续发展完善为典型范畴理论。首先是由柏林和凯的认知人类学到罗施等人的认知心理学研究，随后逐步发展到雷可夫等人的认知语言学研究。

结构语言学家曾用颜色词来说明语言符号是对客观现实的任意切分，这一观点认为，不同语言中不同的颜色范畴是由于它们对连续光谱的切分不同；某个语言系统随意决定某个颜色涵盖光谱的哪些部分，与语言系统外的因素无关，范畴中每个颜色的地位是相同的。但是，柏林和凯的研究却否定了这一观点。他们的研究有两个重要发现：第一，在各个语言中都有11种基本颜色词，它们组成了基本范畴颜色等级。基本颜色词多由单个字词组成，如汉语的黑、白、红，英语的black、white、red，另外，基本颜色词的习得先于其他颜色词，且使用频率最高。第二，各个颜色词所指的中心区，也就是"焦点色"十分清晰，但边界往往不是那么清楚，而且，不同语言中，相应的颜色词所指的中心大多在相同的区域，即焦点色在不同的语言中是基本一致的。对使用不同语言的人进行测试，结果表明，虽然所使用的语言不同，但是受试者所指的"红色"代表颜色是一致的。所有语言都以焦点色作为参照系统，对颜色连续体进行切分。柏林和凯的研究说明，各个语言对于颜色范畴的切分不是任意的。

在此基础上，罗施等心理学家又做了进一步研究，研究发现，在不同语言中，焦点色之所以一致，是因为这类颜色具有独立于语言的认知显著性。与非焦点色相比，焦点色在感知上更显著，在辨认实验中反应时间更短等。研究显示，颜色范畴词与人的神经生理机制、普遍认知机制有关，还与特定文化对普遍认知机制的处理结果所做的选择有关。范畴是通过人类身心对现实世界进行能动处理的结果。此外，各种语言中都存在颜色中心区，这一现象说明，在颜色范畴中，各成员地位是不平等的，中心区域的颜色与边缘部分相比更典型、更有代表性。罗施用"prototype"这一术语来指柏林和凯所指的focus，罗施的发现引导心理学家和语言学家提出范畴化的原型理论（prototype theory）。

随后罗施把实验从颜色扩展到bird和fruit等范畴，这些实验都表明原型在范畴中最具代表性，起到关键作用。此外，罗施等人还发现范畴成员具有不对称性，非对称性普遍存在于范畴中，在范畴中，某些成员比其他成员更像代表性成员。代表性成员的信息可能扩大到非代表性成员，这种非对称性叫作典型效应。

罗施总结其研究，得出以下结论：

（1）范畴化的依据是个体属性，而不是其基本特征。个体属性是事物性质的心理体现，与人们认知和现实互动模式息息相关；而基本属性是客观存在的事物所固有的本质特征，与主体无关。

（2）典型范畴内的成员地位是不平等的。例如，在"鸟"这个类别中，麻雀是较好的典型成员，即原型，而鸵鸟、企鹅则位于范畴的边缘，不是典型的代表，并不是原型。

（3）典型范畴表现出家族相似性，范畴结构中的不同成员以辐射状的形式集中在一个或几个典型成员的周围。

（4）典型范畴的边界是模糊的，相邻的范畴没有严格的边界划分，边缘成员往往会混入对方的范畴。如拉波夫在1973年做了一个著名的实验，他取出五张图片，分别是高度、宽度各不相同的器皿，他让人们指认五张图片分别属于什么器皿。结果表明，对于某些器皿，不同的人对其所属范畴的结论十分一致，但有些器皿的高度介于瓶子和杯子之间，或是宽度介于杯子和盆之间，人们对它们的结论往往各不相同，由此可见，范畴没有清晰的界限。

（5）典型范畴不能通过充分必要条件来界定。

（6）范畴中处于中心地位的原型与其他成员的共同属性最多，与相邻类别的共同属性最少。在属性方面，原型成员最大限度地区别于其他范畴的原型成员，边缘成员则刚好相反，与同一范畴内，成员的共有属性很少，与相邻范畴内的成员的共有属性则多一些。

认知语言学领域中典型范畴理论最具代表性的人物是雷可夫。在他《女人、火与危险事物：范畴显示的心智》1987年发表的认知语言学经典著作中，有三分之一是关于范畴与认知模型的。雷可夫在书的开始就强调了范畴化的重要意义：对于我们的思维、感知、行为和言语，没有比范畴化更重要的了，没有范畴化能力，我们不管是在物质世界中，还是在社会和精神生活中，什么作用也发挥不了（雷可夫，1987：6）。

雷可夫进一步发展了典型范畴理论，提出用理想化认知模式（Idealize

Cognitive Model，ICM）去理解语言概念和语义范畴。雷可夫认为，语义基础不仅涉及相关的认知域，还包括各种行为模式以及社会文化背景等，相关的认知域有时空领域以及物质的属性领域等，在这些认知域中构建一个认知综合体，这便是 ICM。ICM 是在一定文化背景下，说话人对某一特定领域的知识经验做出的抽象理解的结果，这是一种理想化的模式，是具有格式塔性质的复杂认知模式。雷可夫认为，根据结构原则的差异，ICM 可以分为以下四种结构原则或认知模型：

（1）命题模式。说明概念、概念属性、概念组成及其相互间的关系。许多知识结构都是以命题形式存在的。例如，"火"的命题模式必然包括"火是危险的"这个命题。

（2）意象图式模式。这一模式均涉及空间结构，与形状、移动、空间关系相关的知识都是以意象图式模式存储的。

（3）隐喻模式。一个命题或意象图式模式从一个认知域映射到另一个相对应的认知域就形成了隐喻模式。隐喻模式一般用于对抽象事物进行概念化、理解以及推理。比如我们常说的"人生"与"旅行"之间的映射就是隐喻模式。

（4）转喻模式。在以上几种模式的基础上，在同一认知域中，用某一容易感知的部分来理解整体或者整体中的另一部分，这就形成了转喻模式。如用"华盛顿"来代指美国政府。

每种认知模式都是一个完形结构，一个结构性整体。我们认识世界的关键就是对事物概念化和范畴化，认知模式则尝试解释范畴的原则。雷可夫用 ICM 分析 mother 和 bachelor 等语义范畴，说明了认知模式在范畴结构形成和原型效应产生中发挥着重要作用。雷可夫（1987：74）认为，mother 的 ICM 包括以下方面：

（1）生育模型（The Birth Model）：生育者。

（2）遗传模型（The Inheritance Model）：提供遗传基因。

（3）养育模型（The Nurturance Model）：担当养育职责。

(4) 婚姻模型（The Marital Model）：是父亲的妻子。

(5) 谱系模型（The Geneaogical Model）：是孩子最亲近的女性长辈。

上述五个模型构成母亲的 ICM，换句话说，母亲的典型意义是由上述五个认知模型构成的，它的边缘范畴都是从不同角度与它的中心意义相关联，如继母、养母等。

一个 ICM 由多个 CM 组成，几个互相联系的 CM 在一起组成一个范畴，人们用某个词项来表示这个自然范畴。自然范畴的基础是 ICM，内部的各个概念相互联系。简单的范畴涉及一两种认知模式，复杂的范畴就涉及多种认知模式。以意象图式为例，我们可以把人体看作一个容器，这个容器有里外、上下、左右以及边界。空间经验是人最开始的经验，空间图式是最基本的意象图式。通过隐喻，这种基本的空间概念与结构可以帮助人们理解其他概念，包括抽象的经验，使我们能够形成抽象概念和复杂的结构。

我们用容器图式来理解范畴，用部分—整体图式来理解社会等级、家庭结构等等级结构，用连接图式来理解各种关系结构，用中心—边缘图式来理解辐射结构，用前后图式来理解前景—背景结构。以此为基础，我们可以构建更为复杂的认知模式，如我们用语言传递和思想交流可以结合容器结构和线性结构理解：人的思想沿着一定方向从一个容器传到另一个容器。雷可夫的这个假设被称为形式空间化假设，它是从具体空间到概念空间的映射，通过隐喻，使抽象概念具备了具体结构。另外，意象图式除了基本的概念结构，还可以借助隐喻理解抽象复杂的概念。

根据雷可夫的理论，语言的意义不能单纯用基于经典范畴理论的语义特征进行定义，要在多种认知模式的基础上，以相关的认知域作为背景建构起一个单词的意义。认知模式是人类认识事物的一种普遍方式，在它的帮助下，我们可以理解各种概念和语义现象。基本的范畴概念可以直接理解，复杂的概念通过与直接概念的关系来理解，这样，认知模式就产生了范畴化、范畴原型效应以及语义结构。

认知语言学的典型范畴化理论可以归纳为：范畴内成员所具有的范畴属性多少不同，每个成员具有不同的典型性。范畴内成员由于家族相似性而聚合在一起，位于中心的典型是范畴的最佳实例，典型性不显著的成员位于范畴的边缘。

第二节　概念隐喻

一、隐喻的本质

隐喻的本质是用一种事物去理解和体验另一种事物。雷可夫和约翰逊用源域、目标域、映射和意象图式来解释隐喻现象，他们认为隐喻是一种由源域到目标域的跨域映射。源域是我们熟悉、具体的概念，目标域是我们不太熟悉、抽象的概念，由源域到目标域的映射形成了一种不同概念间相互联系的认知方式。这种映射方式反映了人类认识从具体到抽象的基本途径。比如在美国，人们常用如下三个隐喻来描述婚姻：

（1） Marriage is a manufactured product. （婚姻是人造产品。）

（2） Marriage is an ongoing journey. （婚姻是一段持续的旅程。）

（3） Marriage is a durable bond between two people. （婚姻是两个人之间持久的纽带。）

隐喻的工作机制如图 3-2-1 所示。

Ⓐ ←──── Ⓑ

图 3-2-1　隐喻的工作机制

A 代表目标域，B 代表源域，通过具体的 B 可以理解抽象的 A。

需要注意的是，在概念映射中，目标域会突显隐喻的某些特征，也就是说，当源域映射到目标域时，源域只有某些特征是映射对象。举一个最简单的例子：John is a pig。源域"猪"有懒、笨、胖、脏等特征，这些特征不会全部映射到目标域 John 上，人们在进行隐喻思维的时候会选择二者的相似点，把要突显的那一部分特征映射到目标域上。如果下文有 He doesn't get up until noon，那此处突显的就是"懒"这部分特征；如果下文是 His room is messy and dirty，那这个隐喻突显的特征就是"脏"。再如，我们经常使用的另一个概念隐喻：life is a journey。在这个隐喻中存在如下概念映射：

  人←——旅行者

  生活岁月←——旅途

  生活中的困难←——旅途中的障碍

  人生目标←——旅途终点

"人生"和"旅途"两个概念域之间存在一系列的对应关系，源域"旅行"中的旅行者对应目标域"人生"中的人；路途对应生活岁月；旅途中的障碍物对应生活中的各种困难；旅途的终点对应人生的目标。人们利用这些对应关系，借助具体的旅行知识来理解抽象的人生。但是，除了上文提及的旅行者、旅途、障碍物等，"旅行"这一概念还包含导游、旅行社等特征，但是它们并没有被映射到目标域"人生"上，这说明在概念映射中，目标域有一个隐喻突显的过程。

二、隐喻的特征

库珀（1986）认为，隐喻具有系统性、生成性、对默契感的依赖性三个特征。

（一）系统性

在语言和概念层次上都可以体现隐喻的系统性。在语言方面，同一概念隐喻派生出来的不同的隐喻表达具有系统性；在概念方面，概念隐喻具有系统性。人类经验具有完形感知结构，这个多维结构的整体使得隐喻内的映射具有系统的对应关系。我们借助不同概念之间的相似点，用具体的概念或经验去理解抽象的概念或经验,两个概念间的关联形成了认知体系。每一个概念隐喻都自成体系,在进行类比的过程中,人们用源域的各个概念系统地描述目标域。雷可夫和约翰逊(1980:7)指出,因为我们思维中的隐喻概念是系统性的,所以我们谈论概念的语言也必然是系统性的。概念隐喻 love is journey 可派生出下列隐喻表达方式:

(1) We are at crossroads.

(2) Our marriage is on the rocks.

(3) We're going nowhere.

(4) We can't turn back now.

(5) It's been a long bumpy road.

(6) We'll have to go our separate ways.

隐喻的系统性还表现在不同的概念隐喻之间不是彼此孤立的。隐喻之间的蕴含关系构建起一个协调一致的隐喻概念体系及一个相应的协调一致的隐喻表达体系。例如,在英语中,time 这个概念有三个相关的隐喻:

(1) time is money

①How do you spend your time these days?

②That flat tire cost me an hour.

(2) time is a limited resource

①You don't use your time profitably.

②You are running out of time.

(3) time is a valuable commodity

①I don't have the time to give you.

②Thank you for your time.

上面三个隐喻分别用我们比较熟悉的金钱、有限资源和有价值的商品来帮助我们把握抽象的"时间"这一概念。看似不同的三个隐喻之间也组成一个相互联系的体系,在现实生活中,金钱是一种有限的资源,有限的资源又是一种有价值的商品。三者之间层层递进，time is money 蕴含着 time is a limited resource，time is a limited resource 又蕴含着 time is a valuable commodity。

（二）生成性

生成性是隐喻的系统性的必然结果。同一个喻体可以生成若干个不同的隐喻概念，一个喻体所有的喻义特征均可以转移到另一个语义范畴中，这种潜在的生成能力使隐喻可以不断再生成新的隐喻。人们接受隐喻后，可以运用相同的思维模式再创造语言，这就是隐喻的生成性。

（三）对默契感的依赖性

隐喻的理解与把握离不开语境，在一定程度上，隐喻还依赖交际双方的亲和性。双方的亲和性与隐喻的理解程度成正比，双方越亲近，他们的思维模式的相似度越高，也就越容易理解对方话语中的隐喻。这种在经验和思维模式基础上建立起来的默契感对隐喻的理解有重要影响。这种默契感又受到价值观以及个人知识结构的影响。处于相同文化背景中的人比不同文化背景的人更容易理解彼此所表达的隐喻。如果对中国人说 "a land flowing with milk and honey" "hard cheese" 这样的隐喻表达时，中国人需要具备相关国家的文化知识，才能顺畅地理解。在汉语文化中，龙是吉祥、权威、高贵的象征，而在英语中，dragon 却被赋予了贬义的隐含意，是长着翅膀的怪兽。由此可见，在涉及与龙有关的隐喻时，处于两种文化背景中的人就不能明确对方所表达的意思。有时候，即使民族不同，只要具有一致的价值观，也能对某一隐喻表达快速达成共识，这个时候不再需要过多探求母义或喻底便可知晓其语义指向。比如，英语中有 "Life is a long journey"，汉语中有 "生活是一段长长的旅程"，交际双方对 "生活" 这个概念有相同的认知共识，可以轻松理解彼此想要表达的意思。

三、隐喻的分类

我们主要介绍雷可夫以及约翰逊的分类以及格特力的分类方法。

(一) 雷可夫以及约翰逊把隐喻分为三大类。

1. 结构隐喻 (structural metaphor)

结构隐喻就是通过一个概念建构另一个概念,一个概念中的构成成分与另一个概念中的成分——对应,两个概念在结构上具有相似性。life is a journey、time is money 等都是结构隐喻。例如在 life is a journey 中,源域"旅行"中的成分一一映射到目标域"人生"中去,前者的某个点对应后者里的某个点,而两者各自的点也都自成一个系统。还有一个更精细的例子是雷可夫以及约翰逊关于[argument]的隐喻分析,它主要包括四个成分:+argument is journey+(辩论是旅行)、+argument is war+(辩论是战争)、+argument is container+(辩论是容器)、+argument are buildings+(辩论是建筑),这四个方面分别突出"辩论"的某个方面,如"旅行"强调过程,"战争"强调方法和结果,"容器"强调内容,"建筑物"则强调质量,它们各自都是一个结构隐喻。以 argument is war 为例,"战争"中的成分都可以在"辩论"中找到相对应的成分。具体如下:

(1) 辩论双方的初始状态:They drew up their battle lines.

(2) 进攻:She attacked every weak point in my argument.

(3) 防御:They defended their position ferociously.

(4) 撤退:He withdraw his offensive remarks.

(5) 反攻:I hit back at his criticism.

(6) 胜负:I never win an argument with him.

(7) 停战:Let's call it a truce.

在上面的例子中,"战争"比"辩论"更具体直观,更容易理解。由此我们可以看出,我们往往是利用具体的概念理解抽象的概念,复杂的概念植根我们对熟悉的、有形的事物的基本体验。

2. 方位隐喻(orientational metaphor)

方位隐喻也叫空间隐喻,它不同于结构隐喻,用一个概念建构另一个概念。方位隐喻是在一个概念系统内部参照前后、上下、内外、深浅、中心—边缘等空间方位自行组织起来的。空间方位感是人类产生较早的、可以直接理解的概念,对空间方位的感知也是人类最基本的能力。很多抽象的概念如情绪、身体状况、社会地位等都依赖具体的方位概念去理解,常用的方位隐喻有"上、下、里、中、过来、过去"等。

例如:

(1) happy is up/sad is down

①I'm feeling up.

②He is in high spirits.

③I'm feeling down.

④You are low these days.

(2) conscious is up/unconscious is down

①Wake up.

②She sank into a coma.

(3) more is up/less is down

①The number of students keeps going up.

②I can take up to four people in my car.

③The level of unemployment is down.

④We are two goals down already.

(4) good is up/bad is down

①He rose to the top.

②He fell in status.

(5) live is up/die is down

①She is in top shape.

②She fell ill.

这些方位隐喻概念不是任意的,而是具有物质和文化经验作为基础。由此可见,相似的隐喻在不同的语言中都呈现出一致性。根据雷可夫以及约翰逊的理论,在上面的方位隐喻中,低垂的姿势通常伴随负面情绪,而直立的姿势伴随正面情绪;睡觉时是躺着的,处于无意识状态,清醒时是站立的姿势,具有意识;容器中的东西越多,平面就越高;高兴、好的东西都是向上的;活着时身体是站立状态,死了便永远躺下。

3. 本体隐喻(ontological metaphor)

本体隐喻是指依据世界的经验理解抽象的范畴及其关系,在本体隐喻中,人们将抽象、模糊的思想、感情、心理活动等无形的概念看作具体而有形的实体,从而可以对其进行讨论、量化以及识别。本体隐喻可以分为以下三小类:

(1) 实体或物质隐喻。顾名思义,这类隐喻是把经验看作实体或物质,通过实体或物质来理解无形的经验。比如,我们把通货膨胀、物价上涨看作实体,就会形成+inflation is an entity+的本体隐喻。因此我们可以说:

Inflation makes me sick.

If there is much more inflation, we'll never survive.

(2) 容器隐喻。就是将本体不是容器的事物当成容器来理解,比如人的心态、行动、事件等。如:

She is in love. (爱为容器)

She is out of trouble now. (困境为容器)

The bird is coming into view. (视野为容器)

（3）拟人隐喻。赋予事物人性。如：

Actions speak louder than words.

The weather smiled on us.

An awful thought has just struck me.

（二）格特力根据隐喻常规化程度不同，把隐喻分为四类

1. 死喻（dead metaphor）

当某个词的隐喻义失去与它原义的联系的时候，这个词就被称为"死喻"，也就是说，该词的隐喻义已经成为它的一个常用意义，此时，隐喻便自动消亡，因此，它也被称为规约化隐喻或词汇化隐喻。昂格雷尔和施密德指出，当语言单位与其隐喻意义已经规约化和词汇化，那么其隐喻意义就不再活跃，该隐喻就成了死喻。福勒指出，英语中的隐喻性词汇大多借自拉丁语的隐喻义。英语中有大量的外来隐喻词，不过不如本族语表现明显。在英语本族语中，grasp的原义是"抓"，它还表示"理解"，这两个义项并存，由此可见，隐喻仍然存活。在拉丁语中，同样表示"理解"的词comprehend，原义也是"抓"，但英语本族人却往往不理解，所以，这个隐喻已经消亡。

2. 死寂隐喻（dead and buried metaphor）

死寂隐喻指的是某些词的原义不容易被注意到，但如果探究词源，可以重新唤醒其中的隐喻，词的多个义项之间的关联还能再建。

3. 非活跃隐喻（inactive metaphor）

非活跃隐喻又可以细分成沉睡隐喻（sleeping metaphor）和陈旧隐喻（tired metaphor）。对于非活跃隐喻，我们仍然可以看出词的各个义项之间具有相似性，通常我们把这些词叫作多义词。

4. 活跃隐喻（active metaphor）

活跃隐喻也被称为新奇隐喻，它是刚刚开始使用的隐喻。在此种隐喻中，话题和喻体之间不存在词汇关系，话题是随着语境的变化而变化的。活跃隐喻往往是一种即兴的修辞，它的产生依赖创作者的新感受。文学隐喻来源于文学家个人的独特感受，其他方面的隐喻则是由于新事物的产生需要词语的描述，多数情况下，新词是原有语义的隐喻引申。

第三节 意象图式

一、意象图式概念及特征

"意象"是心理学常用的名词，指的是一种心理表征。"意象"是指当某个事物不在场时，仍然可以想象出这个事物的形象。从认知角度来讲，它指的是当没有外界刺激输入时，人依然能获取其形象的一种认知能力。认知科学认为，人类能够感知外部环境并形成认知的基本层面，这种认知具有完形感知、动觉和意象的特点。"图式"一词最早始于20世纪二三十年代的心理学研究，美国心理学家巴特利特在研究记忆时发现，人类能把积累的信息以及经验形成认知结构，以图式的形式储存在记忆中，可以通过与其对比去理解新经验。20世纪三四十年代，瑞士心理学家皮亚杰用"图式观"阐释发生心理学和建构论，他强调认识源自主体与客体的互动，客体可以通过自我调节同化到主体的图式中去，主体创立或调节图式使客体适应。雷可夫以及约翰逊把"意象"和"图式"结合起来，形成了意象图式。他们认为意象图式具有如下认识基础：人类通过身体与自然界联系，我们的意识和理性都与身体的体验及其与环境的互动息息相关。在诸多问题中，身体的经验具有关键性的作用，意象图式是联系感觉与理性的桥梁，它是以身体经验为基础形成的认知结构。

雷可夫把意象图式定义为：在我们日常身体体验中反复出现的相对简单的结构，如容器、路径、连接、动力、平衡，或体现为空间方位关系，如上下、前后、部分与整体、中心与边缘。

兰盖克认为，意象图式由射体（trajector）、界标（landmark）和路径（path）构成，它所体现的是射体和界标间不对称的关系，在这种不对称的关系中，射体是主体，界标是参照物，是主体的方位参照。意象图式不仅可以表现射体和界标之间的静态关系，也可以体现两者之间的动态关系。路径是射体所经过的距离，如果射体和界标之间为静态关系，那么射体没有距离的移动，所以路径就是零。

意象图式的形成以生理和物质为基础。人的身体就像一个三维容器。人体与人体之外的世界形成第一种空间关系，这种关系经过我们的反复使用会形成意象图式，它不仅是具体的形象，也是抽象的认知结构。我们为了有关的经验结构，不断使用某个图式理解现实世界的某种关系，从而形成我们感知、思维、行为的一定的形式和结构。

约翰逊认为人类的行为、感觉等都具有一定模式，而意象图式正是人在与外界互动过程中不断出现的动态模式，它出现在身体运动、操纵物体、感知互动等各个层面，而且这种模式与我们的经验具有一致性。为了强调身体这一基础，约翰逊把意象图式叫作"孕育身体的图式"，他认为这种图式的产生早于概念，且独立于概念，它的结构能够容纳基本概念，也能在此基础上生成特定的一些意象。我们以约翰逊的容器图式为例，阐释图式是如何来组织我们的经验的，他在书中用不断反复的 IN-OUT 图式来描写人起床后的情景：

You wake out of a deep sleep and peer out from beneath the covers into your room. You gradually emerge out your stupor, pull yourself out from under the covers, climb into your robe, stretch out your limbs, and walk in a daze out of your bedroom and into the bathroom. You look in the mirror and see your face starting out at you. You reach into the medicine cabinet, take out the toothpaste, squeeze out some toothpaste, put the toothbrush into your mouth, brush your teeth, and rinse out your mouth.

上段描述中的 in 与 out 既有表示物理空间的，也有表示抽象关系的，但它们均来自容器图式。人们首先从空间结构中获得这种图式，然后把这种图式用来建构其他经验，在这个过程中，人们把非容器的事物看作容器，从而来认识和理解这个事物，这个过程也要依赖人类的经验处理机制。这种经验处理机制把相关的经验组织成意象图式，并应用于其他认知活动。当我们把 IN-OUT 图式投射于其他抽象经验时，抽象经验也具备了 IN-OUT 图式的结构。

约翰逊还强调意象图式具有动态性，指出它是一种动态模式，尽管结构具有确定性。意象图式的动态性表现为：它是一种不断活动的结构，而不是一个静止的容器，被动地注入人类的经验，我们依据这种活动的结构来组织并理解我们的经验；另外，它的表达形式是多样的，有巨大的灵活性，具有相同结构的经验都能由意象图式联系起来。

下面我们用"路径"图式来说明意象图式的基本特质。"路径"图式由原点 A、终点 B 和两者之间的路径组成。这个图式可以应用于很多不同事件，但这些事件的基本结构是一致的。这个图式既可以表示具体的事件，也可以代表抽象的过程，比如，从 A 处走到 B 处、A 送 B 一件礼物等都属于前者，而冰融化为水就是后者，在这个过程中的图式是隐喻性的，A 和 B 都不是表示某个事物，而是代表某种状态。

综上所述，我们可以看出意象图式的几个特征：第一，意象图式来源于人类与客观世界的相互作用，尤其两者之间的空间关系。第二，意象图式是一种抽象的模式，表现人们的动作、感知和概念的结构，从一定意义上说，它比心理学中的意象更抽象。心理学中的意象与环境相关联，而意象图式与特定环境没有关系。意象需要人类有意识的努力才能形成，而意象图式的形成则不需要有意识的努力。意象图式可以完全独立于任何社会文化背景知识。第三，意象图式不是静止不动的，而是一种动态模式，因为意象图式本身就是产生在人类与客观世界的互动过程中。意象图式和我们对空间、运动以及形状的感受有关,存在于感觉运动层面,所以,雷可夫把它称为"动觉意象图式",吉布斯以及科尔斯顿称它为"空间关系和空间位移的动态类比表征",认为它可以同时兼具视觉性、听觉性、触觉性以及动觉性。

二、意象图式的分类

雷可夫认为,意象图式可以分为以下几类:

(一) 部分—整体图式 (The PART－WHOLE Schema)

身体经验:人体及其他物体都是由部分组成的整体。
构成要素:整体、部分、构型。

基本逻辑:这是一个不对称的图式。如果 A 是属于 B 的一部分,那么 B 就不可能是 A 的一部分。它是不自反的:A 不是 A 的部分。"I lost my key"成立,而"My key lost me"就不成立;"汽车缺少零部件"成立,而"零部件缺少汽车"就不成立。不可能有整体存在而部分不存在的情况。全部存在的部分不一定能够成为整体,只有部分存在于同一结构中才构成整体。汽车的零部件都存在,也不一定是一辆完整的汽车。如果部分被毁,那么整体也会被毁。部分是相邻的,部分所处的位置与整体是一致的。

隐喻举例:家庭被视为一个由部分组成的整体,两个人结婚就构成一个家庭的整体,夫妇均是这个整体中的部分。夫妻离婚则被视为分裂 (split up 或 break up)。

(二) 中心—边缘图式 (The CENTER－PERIPHERY Schema)

身体经验:动物身体被分为躯干和内脏等中心成分以及手指、脚趾、毛发等边缘成分。植物的中心成分是树干等其他主干,边缘成分是枝丫及叶片。我们往往把中心部位看得比边缘部位更重要。首先,中心部分在确认事物的性质方面比边缘部分更有效,没有树叶的树仍然能称其为树,而没有树干的树叶则不能称其为树。边缘依附中心并由中心决定,砍断树干的话,树叶也不能存活,而破坏树叶对树干不会有影响。

构成要素:实体、中心、边缘。

基本逻辑:中心重要,边缘不重要,边缘依赖中心而存在。

隐喻举例:在社会组织中有"核心成员",理论有中心与边缘之分。

(三)起点—路径—目标图式(The SOURCE-PATH-GOAL Schema)

身体经验:在物体从一个地点移动到另一地点的过程中,一定存在起点、终点和路径。

构成要素:起点、终点、路径、方向。

基本逻辑:约翰逊提出了三种运动路径:一是人们用脚走过的实际路径(physical path),如从家到学校的路线;二是类似抛物线的路径(projected path),如被扔出的石子的运动轨迹;三是想象中的路径(imagined path),如外星人来地球的路线。

隐喻举例:目标被看作终点,实现目标是"到达终点",我们常常把人生看作旅程。

(四)连接图式(The LINK Schema)

身体经验:我们还未出生时脐带把我们与母体联系起来,出生后由父母一步一步牵引我们成长。生活中,我们会用绳子等联系物把两个物体连在一起。

构成要素:两个实体,一个连接关系。

基本逻辑:这是一种对称的关系,如果实体A与实体B相连,那么实体B也与实体A相连。如果实体A被联系于实体B,那么A就受制于B,也取决于B。

隐喻举例:社会以及人际关系被视为某种联系,我们集多种社会关系于一身，有家族关系、同学关系、同事关系等。

（五）前—后图式（The FRONT－BACK Schema）

身体经验：人的前面对应着人的运动方向。

构成要素：前、后。

基本逻辑：如果 A 在 B 的前面，则 B 就在 A 的后面。

隐喻举例：过去是以前，过去发生的事在后面，如 look back on the past；未来在前面，如 look forward to the future。

（六）上—下图式（The UP－DOWN Schema）

身体经验：这个图式与一个引力场中的空间方位有关，我们的视线所及除了与我们平行的事物，还有平行视线之上和之下的事物。

构成要素：上、下。

基本逻辑：如果 A 在 B 的上面，则 B 就在 A 的下面。

隐喻举例：上—下图式可以映射许多抽象的领域，我们在上节讨论方位隐喻时，列举了一系列有关的隐喻概念，如 happy is up，sad is down；conscious is up，unconscious is down；more is up，less is down，等等。上—下图式还可以用于抽象的社会关系，权力越大，社会地位就越高，如 He wants to rise to the top。

因为意象图式规定并影响人类的推理，所以我们可以从意象图式的角度来探求语言意义的形成。认知语言学家用大量例证证明，意象图式和隐喻可以解释语言中错综复杂的现象。

第四章　基于认知语言学的英语多义词教学

第一节　多义词研究概述

词汇教学的一个重点和难点就是多义词教学。英语单词 polysemy 源于希腊语，poly 意为"许多、多个"，sem 意为"意思、意义"，指的是一个语言形式有多个不完全相同又有所联系的意义。一词多义是语言中比较普遍的现象，传统语言学认为，词汇的意义扩展是任意的，多个意义之间没有联系。要习得一个词的多个义项，需要学习者机械记忆，或者根据不同的语境进行猜测，在传统语言学中，多义词的多个义项之间没有理据性与系统性可言。

近年来，随着认知语言学的发展，认知语言学为多义词的研究开辟了一个独特的视角。认知语言学认为，多义词的各个义项之间具有理据性和系统性。以认知语言学的理论作为基础，许多人对多义词进行了新的教学尝试并取得了显著成效。

早在古希腊时期，亚里士多德就注意到多义现象。在近代语言学历史上，不同的语言学派对多义词提出了自己独到的见解，对于多义词的研究可以归结为四个流派，分别是前结构主义、结构主义、生成主义和认知主义。

19 世纪末 20 世纪初的前结构主义的代表人物是索绪尔，索绪尔认为语言作为一个符号系统，它的"音"和"义"之间没有必然的联系，而是任意的。前结构主义主要关注语言的形式，而忽略了语言的意义，结构主义认为一个符号仅有一个意义，符号和意义是一一对应的。

结构主义兴盛于 20 世纪 30 年代，结构主义认为语言是封闭的系统，不受外界因素的影响。结构主义认为，词义是各个语义特征的组合。其中，最著名的是特里尔提出的语义场理论，该理论认为，词义应该在词义场中才有意义，词汇彼此之间存在着各种联系，形成一个词义场。

生成主义在20世纪六七十年代盛行，生成主义主张，语言是独立于人的其他能力的一个系统，也是一个与外界世界无关的封闭体系。在这一时期，语言研究被形式化。普斯特约夫斯基提出了生成词汇理论，他认为对词义的理解除了考虑语境，还要考虑词汇意义。生成语言学派认为，多义词的词义具有任意性，不存在逻辑和规则，生成语言学派没有把研究的重点放在词汇上，而是主要研究具有逻辑和规则的句法。

20世纪80年代兴起的认知语言学派从不同视角来解读词汇。认知语言学派认为，人的语言知识和人的认知能力密切相关，认知语言学主张在体验性、概念化、范畴化等原则上研究语言，通过人类与外部世界的互动来构建概念结构与意义。认知语言学否定了生成语言学关于语言任意性的说法，认为语言不是任意的，而是具有理据性，多义词的义项之间也存在理据性。

从前结构主义到认知主义，多义词习得一直是困扰外语学习者和外语教学者的一大难题，国内外的研究均发现，外语学习者倾向使用词语的基本义，有意回避其引申义。造成这一现象的原因是由于学习者没有足够的能力根据语境推测多义词的义项，或者对多义词的各个义项的习得不均衡，边缘义项的习得不如核心义项好，或者没有理解多义词各个义项之间的理据性，机械记忆各个义项。学习者没有正确的语言学习观，认为语言学习就是习得大量词汇，错误地认为只要达到各类考试所要求的词汇量，就能提高英语水平，于是他们把精力投在单词背诵上面。而他们对词汇知识缺少理解，不知道词汇知识的划分，没有运用自己的认知能力去理解单词，这种机械记忆的效果事倍功半。除此之外，有的还与教师的教学方法不当有关系。教师缺乏系统的词汇教学理论和教学策略，在教学实践中，英语词汇习得的基本方式是教师利用生词表讲解单词的音、形、义，单词学习比较分散，不系统。在处理多义词时，英语教师要么遇到一个义项讲一个义项，只介绍某个词在某个语境中的意义；要么把某个词的所有常见义项一次性介绍给学生，这些义项具有相同的地位，没有主次之分。第一种做法让学生一次只能习得一个新词义，过于零散，不能形成一个系统；第二种做法信息量太大，给学生带来沉重的记忆负担，而且信息容易从短时记忆中流失掉，难以形成长时记忆。张绍全指出，中国对于多义词的传统教学，要么要求学习者死记硬背各个义项，要么要求他们根据语境推测义项。死记硬背耗时且低效；猜测词义成功的少，失败的多，不仅浪费时间，也挫败了学生的学习积极性。

除了众多效果不理想的教学方法外，不正确的教学理念也是一个重要的影响因素。传统语言学认为，多义词的义项之间没有任何联系，教师只能机械地教授各个义项，学生只能死记硬背。

认知语言学是应用语言学界的新兴学科，从诞生至今虽仅有30余年的历史，但已在二语教学中逐渐占据了举足轻重的地位。认知语言学认为，一词多义现象是人类通过包括隐喻、转喻等认知手段将一个基本词汇的中心义项向其他义项拓展而产生的，各个义项通过范畴化互为关联，形成了一个多义网络。多义词从原型范畴义项到引申义项的衍生是人类认知范畴化和概念化的结果。

认知语义学认为，多义词的义项之间的关系不是任意的，也不是约定俗成的，而是存在理据性。波尔斯和林德斯特伦伯格认为，在教学中强调词汇语义的语言理据（linguistic motivation）能够促进学习者对词汇的认知加工，进而加深理解，延长记忆；就学习者的情感因素而言，了解语言的理据性和非任意性会增强他们学习二语词汇的信心。不少实证研究表明，运用认知语言学框架和线性方式教授多义词的效果要优于传统教学方法。卡萨比研究发现，如果教师在词汇教学中向学习者分析多义词的辐射路径，强调核心义项和派生义项之间的理据性，那么学生习得多义词的效果更好。由此可见，以多义词的理据性为基础来习得多义词可以提高多义词的习得质量。

第二节 多义词的演变动因

一、多义词的形成原因

多义词的形成原因有很多，认知语义学认为，多义词的形成主要包括内部原因和外部原因，内部原因主要是认知因素，外部原因主要与社会历史有关。总体来说，多义词是词义概念化和分化的结果。多义词的形成是一个历史演变过程，其词义具有高度概括性。一个词在演化过程中，其原义发生了分化，形成了新的含义。新义产生后，旧义或存在，或消失，新旧义并存，便形成一词多义。对于词义变化的具体原因，一般总结为以下几点：

1. 使用范围发生变化

许多多义词词义的使用范围发生变化，例如 mouth 的本义是"嘴"，现在也用来表示"河口、山洞入口"；handsome 本来形容男子英俊，随着词义范围的扩大，也可以用来形容健美的女子。词义使用范围变化还包括专业词在不同领域的相互转换。例如 mouse 原义是"老鼠"，随着计算机的普及，mouse 也用来指鼠标。

2. 省略因素

词语的使用受到语境的限制。一个词的意思可以转移到与它搭配的词上，例如，capital 可以与多个词语搭配使用，在使用中，与其搭配的词的意义逐渐转移到 capital 上，现在 capital 具有多个意义，均是从与其搭配的词语上转移而来的。

3. 修辞因素

语言中的修辞因素也是多义词产生的原因。隐喻是语言中常见的一种修辞,许多多义词的意义都是通过隐喻获得的。如 pig 原义是"猪",后来用来指像猪一样贪吃、懒惰的人,这就是通过隐喻形成的多义词。

4. 同形异义词演变

英语中的一些同形异义词在使用中会演变成多义词。同形异义词的两个义项本来是毫无关联的,但是由于使用者的主观联系,这两个义项之间具有了某种联系,因此,同形异义词逐渐变成了多义词。

二、多义词演变的认知机制

一词多义是历时语义演变的共时反映,语言开始都是单义的,某个语言符号只指某一类事物,如果所有义项语言符号都只代表一个事物或现象,就会出现过多的语言符号,不利于记忆和交流,于是一个语言符号可以代表两个或者多个事物。随着社会的不断发展,一个词的义项呈现出越来越多的趋势,形成一个多义词。如果某个词项经历了语义演变,那么多义性是这个过程的第一步,在多义性的基础上,又出现了进一步的演变。

词义演变的方式包括词义的扩大和缩小、词义的升降、词义转移等。特劳戈特和达舍认为,语义演变是单向的,与"应邀推理"和"主观化"相关,应邀推理是指在交际中,发话者唤起含意,发话者或受话者通过交际推导出这些含意。他们依照莱文森的理论区分了词位的三个层次,在此基础上,提出了语义演变的应邀推理理论模型(Model of the Invited Inferencing Theory of Semantic Change)。三个层次的意义分别如下:

第一,编码意义(coded meanings):编码意义是在特定时间内语言约定俗成的意义。

第二,话语语类意义(utterance-type meanings):也指一般的应邀推理,相当于莱文森的"一般会话含意"。它是指语言团体中固有的某些词位已经明确化的招请推理,可以用来暗示某些含意。

第三，话语语符意义（utterance‐token meanings）：指的是未被明确化为普通使用的话语含意的应邀推理，类似莱文森的"会话含意"。

语义是按照编码意义—话语语符意义—话语语类意义—新的语义的顺序演变的。其中，语用含意起着关键性作用。以语用含意为基础，发话者对已有词位进行创新性的应用，当这种新颖的用法传递到受话者时，发话者再重复使用这一创新用法，就会出现语义化。

特劳戈特和达舍指出，由隐喻所带来的语义演变研究大多集中在模型的底部，由语用推理所带来的语义演变研究多集中于模型的顶部，它们之间相互促进。发话人被视作语义创新的关键，语义演变萌芽于发话人。发话人所带来的新词义并不是任意的，而是基于一定的认知基础。斯威策指出，新词义的获得并不是任意的，其依据是使各种意义以有理据的方式联系起来的认知结构。聂利奇和克拉克指出，创新并且同时能够被理解的技巧是使用隐喻和转喻。发话人是词义演变的发起者，根据表达对象判断表达的合适性，在语义演变中，主观化起着重要作用。

说话者在说话的同时表明了自己的态度和立场，使自己表达的语言具有主观性。如果这种主观性在语言中用明确的结构形式加以编码，或是一个语言形式经过演变而获得主观性的表达功能，则谓之"主观化"。在主观化时，人们往往把自己的意愿和情感投射到要认知的事物上，使其具有"人"的特征。含有主观性的词语经过反复使用，最终固定成主观化的表达。如英语单词 while 就经历了这样的演变。

a. I'll call you in a while.

b. Johnson washed the dishes while Mildred slept.

c. While painting is exquisite, I still don't think it's worth the price.

a 句中，while 是一个表示时间的名词；b 句中，while 仍然有时间的意义，表示两件事同时发生；在 c 句中，while 则表示转折，对于同时并存的两件事，说话人表现出自己的吃惊与意外，所以存在转折意义。从 a 句到 c 句的

第四章 基于认知语言学的英语多义词教学

变化体现了从客观意义转变为主观意义的主观化过程，这种主观化过程在语义演变中随处可见，词语意义的发展在很大程度上依赖发话人的主观态度和情感。

格拉茨指出，语言变化总的动因是表达性原则（expressivity principle）和有效性原则（efficiency principle）。他认为，这两个原则是互补的，表达性是人们表达事物的需要，有效性是选择语言手段实现交际意向和表达意向，表达性是语言演变的首要因素。在语言交际中，发话人为了与受话人有效交流信息，会使用隐喻、转喻等新颖或简便的语言手段，表达性原则和有效性原则是语言变化的总动因。

对于语言变化的具体动因，乌尔曼认为，词义演变有语言、历史、社会、心理、外来语以及新事物需要新名称六个动因。

布兰克在认知语言学和现代历时语言学研究的基础上对其进行了分类。他认为词义演变有以下六个动因：

第一，新概念：新事物的出现需要一个新名称，新概念也可以用已存在的语义进行释义，但若通过某个词的语义演变来表达，便会更加有效，应用性也更广。

第二，抽象概念：不在眼前或难以看见的所指对象。

第三，社会文化。

第四，密切的概念联系：布兰克依据概念联系的本质，对三类认知群加以区分：①框架关系，框架内两个概念有非常紧密的联系，用其中一个概念就可以表示另一个概念；②典型变化，可以让词义扩大和缩小；③模糊概念，让共同下义词转移。

第五，词汇的复杂性和不规则性：布兰克区分了词汇复杂性、孤立词、词汇空缺、非典型意义四种词汇群。

第六，情感标记概念：一些概念域有喜怒哀乐等情感标记，在交际中，发话人为了不伤害受话人的感情而选择使用委婉语。

根据布兰克的观点,词义演变的上述六个动因都是建立在发话人对世界的感知和构建基础之上,第一个动因类似乌尔曼的新事物需要新名称的动因,词汇的复杂性与非规则性动因相当于乌尔曼的语言动因,情感标记概念动因等同乌尔曼的心理动因,社会变化动因相当于乌尔曼的历史动因。相比之下,布兰克的理论更加全面和详细。

首先,词汇是语言中与世界关系最密切的环节,客观世界的每个变化都会通过词汇反映出来。客观世界是词义演变的第一要因,为了反映客观世界的变化,人们一方面可以创造新词;另一方面可以赋予旧词新的意义。考虑到语言的经济性,人们不能不断创造新词,于是赋予旧词一些新的意义,形成了多义词。其次,人作为语言的使用者,其思想观念和心理感情的变化也会带来词义的改变。如汉语中的"冤家",本义是指仇人,对于仇人的仇恨之情类似情侣之间爱恨夹杂的感情,因此,"冤家"也衍生出"情侣或配偶"的意义。最后,语义的演变和语言本身也是分不开的。各种语言碰撞,大量产生借词。如汉语中咖啡、沙发、沙拉等就是直接借自英语。此外,词汇省略也是词义演变的一个重要影响因素,这是因为在语言表达中存在省力的原则。如英语单词 propose 的本义是"提议、提出",propose marriage 的意思自然就是"求婚",由于词汇省略,现在单独的 propose 就有"求婚"的意义,"提议、提出"和"求婚"共存于 propose 的义项之中。

综上所述,语言演变是由于外部客观世界的客观动因、人的主观世界的主观动因以及语言本身综合作用的结果,这些都是外部因素,内因是语言使用者的认知思维。外在因素体现了词义演变的必要性,认知因素体现的是词义演变的内在机制。

第三节　多义词的认知解释

词汇的多义性是语言的普遍现象,符合语言的经济性原则。认知语言学认为，多义词的多个义项是紧密联系的，其地位并不完全一样。多个义项中有一个典型的核心义项，越典型的义项距离中心越近，非典型义项处于边缘地带。

一、多义词的核心义项

一般来说，多义词都有一个使用频率最高的核心义项，这个义项是人类对世界最初体验的结果，是多义词最原始、最基本的意义。还有许多通过认知机制派生出来的义项，这些义项一般通过隐喻、转喻或者意象图式等延伸出来。其中，核心义项处于范畴的核心地位，和由核心义项衍生出来的义项一起构成一个辐射网络。原型是范畴化的参考，是多义词义项的根本和源泉，语义范畴围绕原型向外延伸扩展。如 fruit 有多个义项，核心义项是"水果"，除这一义项外，还有"果实""成果""产物""后代"等意思，这些义项都是在"水果"这个义项的基础上通过认知机制衍生出来的，与"水果"这一义项有相似之处。

二、多义词的引申义项

认知语言学认为，多义词的多个义项是在核心义项的基础上通过认知机制不断衍生出来的，它们之间具有家族相似性。隐喻和转喻是其中最常见的两种认知机制，它们把人类自身的具体体验和感知映射到抽象概念。隐喻强调的是两个事物的相似性，转喻强调的是事物间的临近性。此外，文化也是影响多义词义项的一个因素。

（一）隐喻

在影响多义词义项扩展的因素中，隐喻是最主要的。隐喻从人们熟悉的身体体验出发，将其投射到抽象概念中，把多义词的核心义项和引申义项联系起来，形成辐射网络。

（二）转喻

转喻是多义词义项扩展的另一个重要认知机制，转喻既可以是整体与部分间的转喻，也可以是不同部分间的转喻。转喻既可以用事物的某个部分表示整体，也可以用部分代指部分，整体与部分是相互依存的。多义词的多个义项依然具有相关性。我们可以用某个人的某些特征来代指这个人，如 We need some new faces around here。这一句中，face 的核心义项是"脸"，此句中的引申义项为"人"，用人的某个部位代指人，此外，我们还常用"笔"代指"作家"，用"王冠"代指"王权"，表示部分与整体的关系。

（三）文化语境

在隐喻与转喻中，文化因素也起了很重要的作用。由于各个民族的文化不同，我们在理解隐喻与转喻时，要充分考虑其背后的文化因素，如果忽略了文化因素，可能理解不了多义词的隐喻和转喻机制，从而出现理解的偏差。在多义词学习中，教师要帮助学生理解多义词背后的文化背景，正确理解相关隐喻性表达和转喻性表达。

第四节　原型范畴理论与多义词

一、基于范畴理论的多义词解释

布鲁格曼分析了介词 over 的多个义项，她把多义性概念的应用拓展到了词汇——语法范畴。认知语言学认为，一个词项代表着一个复杂的范畴。一个多义词有多个义项，其中有一个义项是典型义项，其余义项通过隐喻等机制衍

第四章　基于认知语言学的英语多义词教学

生出来，这些义项以范畴化为基础联系起来，形成一个网络，各个义项之间具有家族相似性。

奥斯汀用家族相似性来表示多义词的各个义项之间的关系，一个多义词的各个义项组成了一个范畴，其中某个义项处于中心地位。对于其他义项，传统观点认为它们之间具有相似性，奥斯汀用 healthy 的例子说明这种说法具有误导性。

当我说 healthy body（健康的身体）、healthy complexion（健康的肤色）和 healthy exercise（健康操）时，这些并不是模糊用法。healthy 这个词有一个基本的核心的义项，即用于"健康的身体"的义项，称之为"核心"义项，因为它包含了另外两个义项，一个是"促进健康的身体"，另一个是"来自健康的身体"。我们能够说，"操""肤色"和"身体"之所以都被称为"健康的"，是因为它们互为相似吗？这样的说法具有误导性。

（一）核心意义

多义词的核心意义是多义词意义范畴中最典型、最具代表性的那个意义，这个典型义项往往是人们首先获得的义项，也是最基本的义项。核心义项通过认知机制不断扩展出其他义项，从而形成一个语义范畴。多义词的核心意义或典型意义是其他义项的派生源头，确定多义词的典型意义是理解多义词的关键。典型范畴理论认为，在多义词的多个义项中，至少有一个义项占据中心主导地位，这个义项的使用频率最高，派生性也最强，这个义项就是这个多义词义项的典型成员。

德温和韦斯普尔认为，典型意义的确定主要有三种方法：一是经验法，当说到某个词时，首先想到的那个义项就是典型义项；二是统计法，多义词中使用频率最高的那个义项是中心义项；三是扩展法，可扩展出其他义项的是典型义项。

如 fruit 有水果、果实、成果及子女、收入等义项，当人们听到 fruit 时，首先想到的是水果这个义项，因为这个义项的使用频率最高，同时它也是其他拓展义项的基础，所以 fruit 的典型义项是水果。

根据典型范畴理论，多义词是以家族相似性为联系纽带建立起来的一个范畴，这个范畴有一个典型处于中心位置。多义是根据语义范畴内部非典型义项的衍生和典型义项的分裂来实现的。

（二）非典型义项的衍生

认知语言学认为，多义词的核心意义是最早产生的义项，其他义项是在核心意义的基础上随着社会的发展不断衍生的。衍生方式主要有连锁式、辐射式以及两者的结合，分别用三种不同的结构如图 4-4-1 所示。

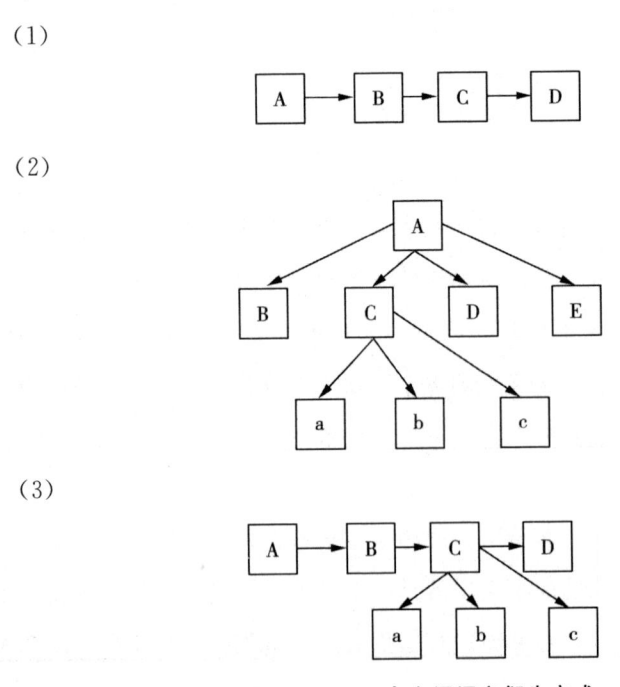

(1)

(2)

(3)

图 4-4-1　多义词词义衍生方式

在图 4-4-1（1）中，A 是核心意义，由 A 扩展出义项 B，再由 B 扩展出 C，再到 D，以此类推，呈现为锁链状，被称为连锁式。泰勒以动词 climb 为例，用典型范畴化理论分析了不同义项之间的关系。

(1) The boy climbed the tree.

(2) The locomotive climbed the mountain.

(3) The plane climbed to 3,000 feet.

(4) The temperature climbed into the 90s.

(5) Prices are climbing day by day.

(6) The boy climbed down the tree and over the wall.

(7) We climbed along the cliff edge.

句（1）中 climb 的意思是：人与树接触，四肢协调配合，从低处向高处缓慢、费力移动。这是英语本族语中使用频率最高的一个义项，也就是说，这是 climb 的中心或典型义项。句（2）中 climb 的意思与句（1）类似，都是从低处向高处移动，火车车轮与轨道的接触类似句（1）中人与树的接触，同样类似的还有两个动作都比较费劲。句（3）中没有了两个物体的接触，只有"向上"和"费劲"的意义。前三句中 climb 都是用于空间维度，句（4）和句（5）中 climb 也是表示"向上"，不同的是，这两句中 climb 应用于数值，通过隐喻扩展了适用范围，除了数值，也可以扩展到社会地位等抽象概念中。句（6）和句（7）中，climb 没有"向上"的含义，只有"用四肢爬"和"费劲"的意义。

不难看出，climb 范畴中的几个义项是相对分离的，各个不同的义项是通过意义链形成的，义项 1 与义项 2 具有相似的共同属性，义项 3 是义项 2 的延伸，义项 4 又是义项 3 的延伸，以此类推，非典型义项与典型义项的相似点越来越少。climb 义项的连锁衍生方式如图 4-4-2 所示。

义项1 → 义项2 → 义项3 → 义项n

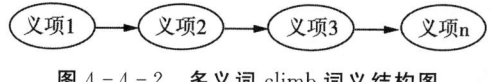

图 4-4-2　多义词 climb 词义结构图

climb 的意义衍生方式不适用于所有词项，在这个意义链中，忽视了两个义项之间的过渡阶段，也就是说，两个义项之间有一个两者共存的阶段，不可能从一个义项直接过渡到下一个义项，两者之间没有具体明确的界限，即义项1→义项1+义项2→义项2。一词多义是共时现象，词义延伸过程是历时现象，词义变异是词义演变历程中的某一个阶段。词义演变必须经历新义项和旧义项并存的阶段。多义共存是词义演变的一个前提条件，词义演变的第一步是多义性，本义与延伸义项同时存在，经过慢慢的发展变化，逐渐失去先前的意义。正如斯威策所说，如果一个词原来的意义是A，现在的意义是B，我们可以非常有把握地说，发话人不可能一觉醒来，突然改变意义，而是会有一个意义A和B共存的阶段。此后较早的意义A才最终消失。

例如，candidate来源于拉丁语candidatus，意思是"穿白衣的人"，后用来指"穿白衣的谋求官职者"，因为在古罗马，谋求官职的人总是穿着白袍子和老百姓见面。现在"穿白衣的人"这个原始意义已经废弃，candidate只表示"谋求官职、参加考试的人"。candidate的词义演变如图4-4-3所示。

图4-4-3 candidate **词义演变图**

在图4-4-1（2）中，义项A衍生出义项B、C、D、E，义项C又派生出义项a、b、c，由于呈辐射状，因此得名辐射式结构，其中每一个义项具有同等地位。廖光蓉以多义词exchange为例，展示了它的多义词辐射式结构。exchange的义项如下：

义项1：交换

义项2：电话局

义项3：交火

义项4：交谈

义项5：交易所

义项6：专营店

义项7：票据

义项8：职业介绍所

第四章 基于认知语言学的英语多义词教学

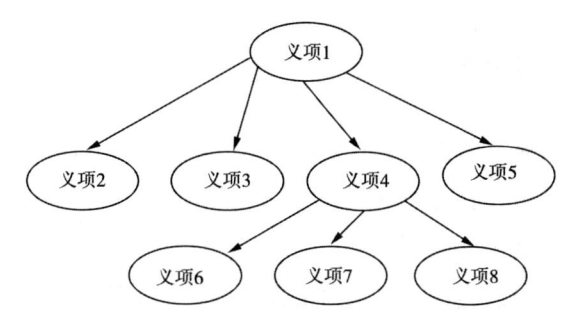

图 4-4-4 exchange 词义结构图

图 4-4-1（3）是连锁式和辐射式的结合，大多数多义词义项不是单一方式，而是两种方式兼而有之。以 crawl 为例，它主要有以下义项：

义项 1：爬行

义项 2：缓慢移动

义项 3：（故意）低下身子

义项 4：（昆虫等）爬行、缓慢移动

义项 5：爬式游泳、自由式游泳

义项 6：卑躬屈膝、谄媚、拍马屁

义项 7：（地点、场所）爬满（昆虫等）、挤满（人）

义项 8：毛骨悚然、起鸡皮疙瘩

单词 crawl 的核心意义是"爬行"，其他意义是这个意义的引申，它们组成如下语义网络：

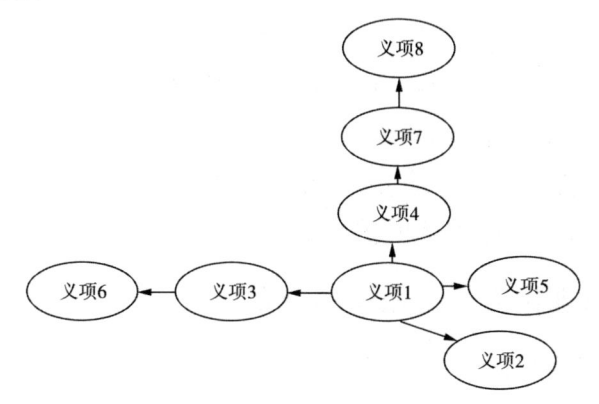

图 4-4-5 crawl 语义网络图

(三) 典型义项分裂

典型分裂是指典型从抽象到具体的变化，在抽象概念中尤为常见。对于很多多义词，我们都可以容易地判断典型义项和非典型义项，而有的时候，各个义项之间似乎有着平等地位，各个义项之间的主次关系没有那么明显，这就是典型义项分裂的结果。最初，每个多义词只有一个初始意义，后来这个初始意义分裂出另一个义项，分裂出来的义项具有和初始意义同等的地位，分裂出来的义项继续进行分裂，后分裂出来的义项也具有和前两个义项同等的地位。

昂格雷尔和施密德指出，典型分裂在抽象范畴中经常出现，他们用 idea 的意义范畴来说明典型分裂现象，如图 4-4-6 所示。

(1) 1430—1770　　(2) 1770—1830　　(3) 1830 and later

concept　　　　　concept　　　　　concept
　　　　　　　　belief　　　　　　belief
　　　　　　　　　　　　　　　　inspiration
　　　　　　　　　　　　　　　　aim

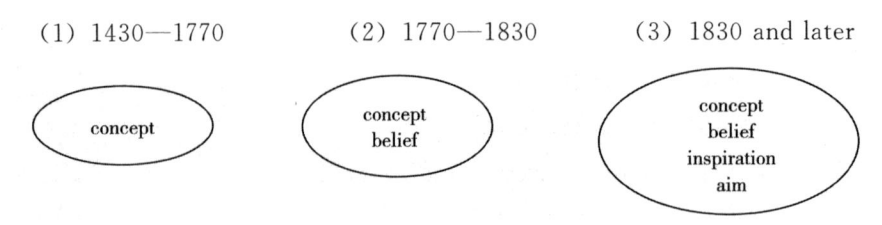

图 4-4-6　典型义项分裂：Idea 范畴的发展

(Ungerer & Schmid, 1996: 267)

从 4-4-6 可以看出，1430—1770 年期间，idea 只有 concept 一个典型义项；1770—1830 年间，concept 分裂出 belief 义项，并且具有和 concept 同等的地位。从 1830 年往后，又分裂出 inspiration 和 aim 两个义项，至此，这四个义项平等地共存于 idea 的意义范畴中。分裂出来的义项有越来越具体化的趋势，分裂过程从一般到具体不断变化。

二、范畴理论对词汇教学的启示

以认知语言学为指导的大学英语多义词教学注重词汇背后的理据性，即分析多义词多个义项背后的理据性。

（一）以基本范畴词汇为基础，用范畴理论建立词义范畴

人类对事物的认识是从基本范畴事物开始的，这是因为基本范畴事物是人类最容易了解的事物，也是人类最常接触的。基本层次范畴是由某些具有显著特征的基本物体构成的，这些基本层次范畴能让我们付出最小的认知努力而获得大量的信息。范畴词汇也是如此，范畴词汇在语言学习中是学生最容易了解和掌握的词汇，基本范畴词汇的特点如下：

（1）词形简单、音节少、使用频率高。

（2）文体中性程度高。

（3）大脑激活速度快且易记忆与掌握。

（4）具有较强的构词能力。

（5）最早获得，任意性大。

（6）数量有限，但在基本范畴词的基础上用合成法和派生法组合的非基本等级词是无限的。

以基本范畴词汇为基础，更抽象、概括性更高的词是高层次范畴词，在基本范畴词汇以下，更具体、概括性较低的词汇是低层次范畴词汇，其中，基本范畴词汇的地位最突出、最重要。

具体到多义词的教学中，范畴理论同样适用。我们可以用范畴理论建立多义词的词义范畴。我们知道，根据认知语言学的范畴理论，多义词的多个义项构成一个范畴，每个义项都是它的成员。在范畴中，每个义项的地位不是同等的，处于核心位置的是核心义项，一般是我们最为熟悉且使用频率最高的义项。核心义项之外的其他义项是以它为基础延伸扩展而获得的，范畴中的所有成员以辐射状集中在核心义项周围，形成辐射网络。辐射网络中的义项成员靠家族相似性彼此联系。

在教学中，基本范畴的核心义项应该被赋予最重要的地位，词汇教学的时间与精力要向基本范畴词汇倾斜。教师在详细讲解基本范畴词汇后，在学生掌

握基本范畴词汇的前提下，再适时引入高层次范畴词汇和低层次范畴词汇，这样的教学安排符合学生的记忆特点和认识规律。在多义词教学方面，我们最先讲授多义词的核心义项，而且在核心义项上花费的教学时间也应该是最长的。原型范畴义项，即多义词的核心义项，通常是词义范畴中更为典型、更容易提取、使用频率更高的义项。由此可见，基于人类的认知规律，核心义项是最易于习得和接受的。多义词中核心义项的讲解有助于学习者对其他义项的习得。教师通过讲授多义词的原型意义，能够帮助学习者深入了解该词的核心，为其打下良好的猜测词义的基础，从而更容易理解其他义项以及词义范畴。学生抓住了多义词的核心义项就抓住了其根本，那么学习以核心义项为基础并具有家族相似性的其他义项就会简单很多。

（二）通过范畴扩展词汇

为了认识纷繁复杂的世界，人类需要对周围的事物进行分类和存储，以便于认识，于是形成了诸多范畴。以认知语言学的范畴理论为依据，在词汇学习中也有很多基本范畴词汇，如动物、植物、事物等，每个基本范畴词汇囊括无限个词汇。除了上述提到的一些名词基本范畴词汇，还有形容词基本范畴词汇和动词基本范畴词汇等。用范畴化的认知理论可以链式递推同一家族的其他成员，由此可以系统、条理、高效地掌握词汇。举个简单的例子，在介绍单词"vegetable"时，可以扩充它的低层次范畴词汇，如 tomato（西红柿）、potato（土豆）、onion（洋葱）、carrot（胡萝卜）、cabbage（卷心菜）、kale（甘蓝菜）等。这样习得的词汇互相关联，减轻了识记的负担，也在新词汇与旧词汇之间实现了连接。

基于范畴理论，学生可以根据词汇的家族特性进行词汇家族成员的无限扩展。具体到多义词，对于它的多个义项，其中有一个义项是原型义项，在让学生掌握核心义项后，可以让学生尝试通过隐喻或者转喻了解其他义项，了解义项之间的家族相似性，这样有助于学生记忆和提取多义词的义项。

第五节 隐喻与多义词

一、基于构词法的隐喻与多义词

构词法是英语词汇扩充的一个主要方式，构词法可以分为派生法、合成法和转换法三大类，得到的词即可为派生词、合成词和转换词。

（一）派生词

纷繁复杂的英语单词都是由简单有限的词根、词干和词缀构成的。通过添加前缀和后缀的形式，一个词干可以派生出大量派生词，这些派生词往往具有隐喻性。通过添加前缀形成的词，如 surface、preface、miniskirt、subhead；通过添加后缀形成的词，如 childish、workaholic、catty、doggy。

（二）合成词

合成词是由两个或两个以上的单词组成的，从本质上看，词素的合成是隐喻的。在如今这个快速发展的信息社会，大部分新词尤其网络词都是合成词。合成词由于其自由度高、理据性强的性质，成为英语中极其活跃的一类词。从认知语言学的角度来看，合成词是人从自身经验出发进行的隐喻构建。我们可以通过表 4-5-1 了解几个熟悉的合成词。

表 4-5-1 常见的合成词

合成词	词义	背景
Silicon valley	硅谷	指聚集高科技技术的地区
sour grapes	酸葡萄	出自《伊索寓言》，指得不到某事物却称其不好

续表

合成词	词义	背景
couch potato	沙发土豆	指极为懒惰的人
ROM brain	只读存储器	指只说自己想法却不听别人意见的人

(三) 转换词

转换词也具有隐喻性，通过隐喻可以使转换词的词性发生变化。比如名词"fox"可以转化为动词，指令人捉摸不透；名词"mushroom"可以转化为动词，意为某种事物大量涌现；名词"branch"可以转化为动词，指开拓新的业务或者创办分公司等。

二、基于语义的隐喻与多义词

如果多义词的各个义项之间毫不相干，英语词汇的数量会多得难以想象。我们对每个多义词的多个义项加以研究就会发现，它们之间不是孤立的，而是具有某种联系。而隐喻是新的词义产生的一个主要因素，词义发展多半是由于隐喻。语言使用者会基于经验对词的基本意义进行扩展和延伸，隐喻思维是在体验相似性基础上产生的语义联想。人们会根据体验的相似性，把"人生"看作"旅行"，把"辩论"看作"战争"，等等。隐喻是多义词形成的主要构建力和生成机制。

根据语言发展的历史来看，对于某个词，人类最先表达的是具体的事物和直观的行为，是身体的直接体验，这些义项往往是多义词的中心义项，最具典型性和代表性，同时具有任意性。随着人的认知不断深化，任意性的成分越来越少。伴随着人类的身体经验和概念的不断积累，人脑会用已知去同化未知，借助熟悉的具体事物去理解陌生而抽象的事物，逐渐形成一个日益复杂的认知网络。其中，隐喻功不可没，大脑利用隐喻这个认知工具能动地加工处理客观

第四章　基于认知语言学的英语多义词教学

世界。没有隐喻，就不会有条理化的理性语言思维；没有隐喻，贫乏的初始语言符号就不能表达丰富的思想。语言符号的多义性和创造性得益于隐喻在概念上的形成和使用，人们在生活中时时刻刻都在使用隐喻。

为了交际的可理解性与流畅性，人们在交际过程中赋予一个词新的意义时，会依据语义的相似性，而非任意而为。或许新的义项和旧的义项之间存在相似性，这就是隐喻，或者是旧的义项相邻的意义，而这便是转喻。墨菲指出，相似链是单一词汇多个意义产生的基础，说话人在接受一个新义之前，常常受到该词旧义的影响。如果一个新义与该词的旧义有相似性联系，说话人更有可能认为该新义具有可接受性。其中有的义项已经固化成字面意义，有的虽然保留着隐喻和转喻色彩，但是在语言的使用中，我们已接受其为一种常规关系，因此也被纳入词义条目之中。词义的原型是词最基本的义项，也是儿童较早习得的词义。

我们可以借助下面的例子来了解由隐喻带来的词汇意义的发展过程。如果 B 具有与 A 相似的属性，而 A 可以比作 B，那么我们可以把 B 称为 A。如：If life has a similar image as journey and journey is metaphorized as life。Then we call life journey。威廉姆将这种多义性产生的隐喻化过程称为域内论元的外化。比如英语单词 head，head 的原义是"头"，因为"头脑、首领"在功能上与其具有相似性，所以人们也用 head 来指头脑、首领、首要的，进一步抽象可以指领导地位、首要地位。这些义项都是通过隐喻得来的。再如 paper 一词，paper 来源于希腊语，是一种植物，后来人们将由此种植物做的纸称为 paper，这是转喻，虽然现在纸张的原材料五花八门，但仍沿用 paper 一词，这说明了语义变化的内在因素是对事物的认知方式。

在词的多个义项产生后，喻体的意义已经映射到现实世界的客体中，人们往往不再把这种表达看作隐喻，久而久之便成了死隐喻。这种隐喻表达式逐渐成为词的一个义项。而且，有的隐喻义项会"喧宾夺主"，成为该词的一个主要典型义项。在英语中，许多外来语的隐喻都成了死隐喻，有的甚至比英语隐喻要隐蔽。比如英语单词 grasp 的本义是"抓",通过隐喻获得了"理解"这一义项,现在两个义项并存,隐喻仍然存在。另外一个表示理解的词 comprehend 来自拉丁语,意义也是"抓",而英语本族人一般意识不到,所以这个词的隐喻义就已消失了。虽然大量的隐喻都已消亡,但是并不能推断词的新义的获得是任意的,一词的多个义项之间都存在必然的联系,它们之间大多以隐喻为基础互相联系,这是词的多义项产生的内在认知基础和规律。语言学习者在学习语言过程中掌握多义词的每一个义项是不可能的,但是学习者可以在掌握基本含义的基础上,依据认知规律进行词义推导,推敲出在各种不同语境中的不同义项,这样有利于理解掌握各个义项。比如,英语单词 hot 最基本的意义是"热",意义来源于人的身体的感觉,当我们吃了某种辣的食物时,身体也有与"热"类似的感受,因此,我们可以推导出 hot"辣的"义项。以此类推,"热门的""兴奋的、愤怒的"等意义也可以根据语境,按照认知规律推敲出来。

三、基于隐喻的多义词义项的认知理据分析

在词义的发展方面,隐喻发挥着极其重要的作用,同时,隐喻也可以帮助我们分析多义词各个义项之间的联系。哈瑟认为,用家族相似性来理解、解释隐喻表达具有经济性和现实性。她认为,隐喻的目标域不是由同一源域的隐喻性词汇组成的,而是由不同源域的词汇相互交织的相似性组织起来的。这种相似性正如家族相似性,家族相似性产生了隐喻性表达并且扩展了隐喻,家族相似性也可以解释一个词的多个义项。比如,demolish 的本义是"拆毁、拆除建筑物",但是当"拆毁"的对象不是建筑物,而是某种观点或者理论时,demolish 便衍生了"推翻、驳倒"的义项,而当"拆毁"的对象变为食物时,便又衍生出"狼吞虎咽地吃"这个义项。显而易见,这三个义项并不是任意的,而是具有相似性。除此之外,哈瑟还认为,家族相似性也可以解释不同语境中相同隐喻表达的意义。比如 on the rocks 的本义是指船

触礁,一般用于航行语境中,在婚姻语境中它也有类似的意义,表示"婚姻破裂",在商业语境中有"破产"的意义,在人生语境中有"落难"的意义。

我们以多义词 ring 为例来展示隐喻的相似性认知理据。ring 做名词时主要有以下义项:

circular object 圆形物体

circular entity 圆形实体

circular piece of jewelry 圆形首饰

arena 圆形表演场(或竞技场)

group of people operating together (尤指秘密的或非法的)团伙、帮派、集团

词的一个义项和另外一个义项通过延伸和添加建立联系。添加关系指的是两个实体之间具有很大的相似性,延伸关系指的是一个实体也可以感知到的相似性为基础,从另一个实体进行的语义延伸。也就是说,添加关系的相似性大,而延伸关系的相似性小。兰盖克把 ring 的语义网络图表示为4-5-1。

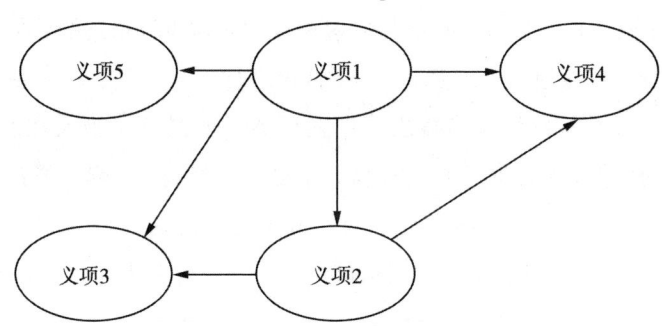

图 4-5-1 **ring 的语义网络图**

义项1是 ring 的核心义项,以义项1为基础,通过隐喻延伸出义项2和义项3,以义项2作为基础,又延伸出义项4,两者之间具有较大的相似性。圆形体育场在外形上也有圆形物体的外形,因此以义项1为基础通过隐喻可以得到义项4。当人们在一起密谋一些事情时,通常会聚集成一个圆圈,由此可见,还可以由义项1隐喻出义项5。这两个义项与义项1的相似性较之义项2

与义项3要小一些。总而言之，五个义项之间都具有某种联系，这种联系的认知理据便是隐喻。

我们再用上文提到的 crawl 来分析各个义项之间的关系。crawl 主要有以下几个义项：

爬行

缓慢移动

（故意）低下身子

（昆虫等）爬行、缓慢移动

爬式游泳、自由式游泳

卑躬屈膝、谄媚、拍马屁

（地点、场所）爬满（昆虫等），挤满（人）

毛骨悚然、起鸡皮疙瘩

显而易见，"爬行"是 crawl 的典型义项，人在爬行过程中速度非常缓慢，于是延伸出了"缓慢移动"的义项。这种缓慢的移动不仅可以用来指人，也可以用来指交通工具、昆虫以及其他物体的缓慢移动，还可以描述抽象的时间。人在爬行的时候身体贴近地面，于是 crawl 延伸出"低下身子"这个义项，抽象意义上，人"低下身子"自然地隐喻出"卑躬屈膝"的义项。当人在水中游泳时，手、脚和腿的动作和在陆地上爬行相似，于是可以隐喻出"爬式游泳、自由式游泳"的义项。爬行的动物身体靠近地面，与人爬行的动作极为相似，故动物的"爬行、缓慢移动"也可以用 crawl 表示。当人们看到令人恐惧的动物如蛇或昆虫大量爬行时，会有不愉快的心理体验，就像这些动物在自己的皮肤上爬一样，由此有"毛骨悚然、起鸡皮疙瘩"这一义项。

通过以上分析可以看出，crawl 是由核心义项 1 通过隐喻衍生出来其他义项，它的八个义项构成了辐射网，如图 4-5-2 所示。

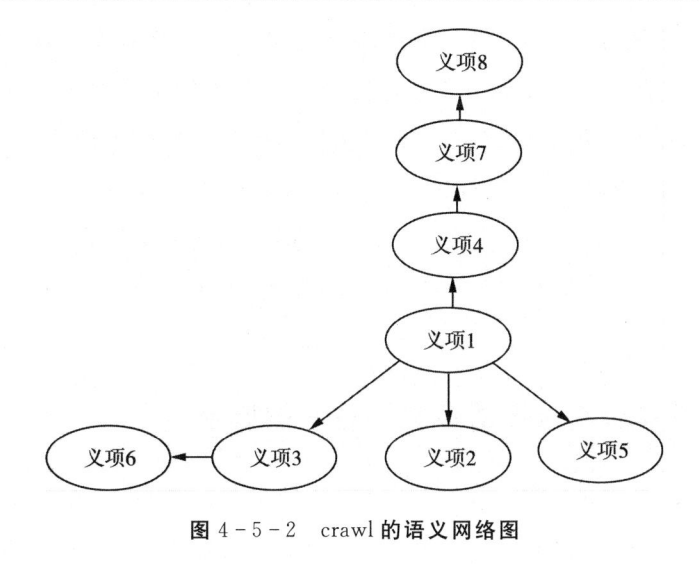

图 4-5-2　crawl 的语义网络图

四、基于转喻的多义词义项的认知理据分析

与隐喻一样，转喻也是常见的一种认知机制。转喻产生于人类的经验，不仅是语言的重要组成部分，也是人类思想、行为中不可或缺的一部分。雷可夫和约翰逊认为，转喻是认知的一个基本特征，人们通常用易于理解和感知的事物的某一方面来代表整个事物或者事物的另一方面。转喻是一种与人类思维密切相关的认知过程，借助喻体理解本体。转喻与隐喻主要的不同在于域。隐喻的本体和喻体属于两个不同的域，而转喻的本体和喻体是同一个域，即本体和喻体间的投射发生在同一个域。转喻以事物的临近关系为认知基础，它的两个基本特点是临近性和突显性。临近指的是本体和喻体的关系，突显是在喻体选择时，事物最突显的特征更容易被注意到。当我们关注一个人外表的时候，更多关注的是脸。下面我们通过例子来理解基于转喻的多义词义项延伸。

hand 做名词时在《牛津高阶英汉双解词典》中的基本义项是"手"，但是在句子"Do you need a hand with those invoices?"中，hand 不仅指手，而是通过"手"来代指整体的"人"。又如句子"All hands on deck！"的意思是

"全体船员到甲板上集合!"这里的"hands"不是指很多双手,而是通过部分的"手"来代指整体,表示很多"人"。英语中还有很多类似的例子,通过转喻形成新的词义,用转喻增加多义词的义项,从而实现了词义衍生。

虽然转喻与隐喻有所区别,但两者都是人类认知的基本模式,有很多共同点。在结构方面,两者都有源域和目标域;两者的认知基础都源自自身的生活体验;在功能上,隐喻和转喻都具有修辞、语言学和认知功能,两者相互联系、密不可分。

五、概念隐喻对英语多义词教学的启示

词汇作为语言的基础,是大学英语教学的重点和难点。词汇教学是语言教学的基础课程,词汇量的多少直接影响着英语学习的水平和技能。大学英语词汇教学不应该仅仅停留在词汇基本义上,对于教师和学生而言,掌握词汇的众多义项是一项艰巨的任务。近年来,我国许多的语言研究是从词的音、形、义方面研究词汇记忆的方法和技巧,虽然有比较明显的效果,但是没有从词源上理解词义的来源以及演变,便不能从根本上解决词汇问题。概念隐喻理论能在一词多义、文化迁移、习语以及创新词汇等问题上给学生提供清晰的词汇发展脉络,带给学生有效的点拨,弥补传统词汇教学方法的一些不足。在具体的词汇教学实践中,可以从如下几个方面加以努力:

(一)引导学生分析原型意义的基本属性

我们通过上文的范畴理论知道,多义词中的多个义项地位并不是平等的,面对多义词的诸多义项,教师可以帮助学生找出它的基本属性。然后给学生一些包含目标词的例句,引导学生在原型意义的基础上,根据例句语境推测目标词汇的意义,衍生出目标词汇的引申义。学生可以通过这个过程了解原型意义与引申义之间的理据性。在讲解过程中,教师也要以原型意义为基础,通过隐喻、转喻来分析各个义项的演变过程,抓住各义项之间的理据联系。教师在教

学过程中要引导学生按照基于认知的学习方法学习多义词,一方面可以提高自主学习能力,学习效果更好;另一方面,学生对多义词的掌握速度会更快,同时,记忆时间也更长久。

(二) 重视多义词词义演变的理据分析

多义词的多个义项可以组成一个语义网络,网络的中心点为核心义项,在教授学生多义词的引申义过程中,教师应引导学生了解多义词的原型范畴义项。其他义项是从该中心点出发向不同方向辐射出去,呈现放射状的网络结构。作为人类思想的两种主要认知机制,隐喻和转喻将放射状网络中的多个成分关联起来。教师可以引导学生集中系统学习多义词的多个义项,把各个义项组织整理成一个语义网络,从而帮学生理解各个义项之间的认知理据。对于多义词的多个义项,大部分学生掌握的是其核心义项,所以,在对多个义项的理解过程中,可以先从其核心义项开始向边缘义项扩展,引导学生不断构建多义词的语义网络。借助隐喻和转喻分析多义词的引申义,实现从初步语义化向深层次语义加工的转变。教师可以利用语义网络图或简笔图式并附以例句出示给学生(Lindstrom berg,1996,1998)。以 eye 为例,给学生以下例句:

(1) He opened his eyes.

(2) I can't see the eye of the needle.

(3) The wind is weak in the eye of the wind.

(4) She has sharp eyes.

(5) The woman at the next table was giving him the glad eye.

eye 的基本义项是"眼睛",从这个义项可以隐喻延伸出其他事物的"眼睛",如例句(2)中的"针眼"和例句(3)中的"台风眼"。从基本义项还可以延伸出抽象的"视力、眼力、眼神、眼色",如例句(4)的"眼力"和例句(5)的"眼色"。

（三）培养学生的隐喻能力

授之以鱼，不如授之以渔。隐喻是语言的中心成分，隐喻知识有助于学生习得词汇。指导学生在英语学习中运用隐喻思维能让学生加深对词义的理解。在我国，许多学者认识到隐喻的重要性，并把隐喻能力、语言能力和交际能力并列为三大能力。培养认知能力就是帮助学生了解语言中的内在联系，培养学生对于词汇以及语言的推理与判断能力，让学生能够知晓语言中不明显的内在隐喻关系。在教学中，教师可以引导学生比较两个看似毫无关联的事物并挖掘其中的联系，从而推断出两个事物之间的相似性，用一个事物最突出的特点来解释另一事物的概念。在教师的引导下，逐步提高学生的隐喻分析能力和认知能力。在课堂教学中，教师可以先由简单的例句入手，对学生进行逐步的引导。比如教师可以举例：

Life is a journey.

该隐喻的源域是旅程，目标域是生活。教师可以引导学生充分思考目标域和源域之间有什么关联和相似性。学生可能会想到两者之间的众多相似点，教师进行简单的归纳总结。在这个过程中，通过让学生充分发挥想象力，加深学生对隐喻的理解。在学生理解之后，教师可以继续给学生举一些典型的目标域是生活的隐喻例子。如：

Life is a war.

Life is a dream.

Life is a river.

下一步继续扩展，不再局限于生活，如：

Love is a war.

Parks are lungs of cities.

Time is a physician.

最后，可以给学生一个隐喻主题，让学生搜集与这个隐喻主题相关的例句或者自己造句，如：

第四章 基于认知语言学的英语多义词教学

more is up/less is down

speed up/speed down

turn up/turn down

Anger is fire.

I exploded.

Smoke is coming out of his ears.

这个学习过程可以让学生理解隐喻并运用隐喻,以此来培养学生的隐喻能力。

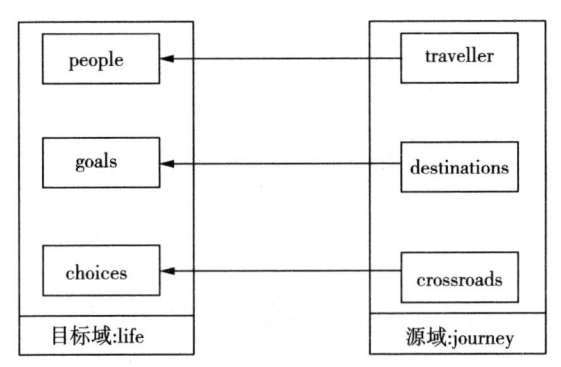

图 4-5-3 隐喻运用机制

(四) 迁移学生的隐喻能力

从某种程度上说,培养并迁移学生的隐喻认知能力比词汇量的增加更为重要,学生具备了这种认知能力,不仅可以掌握基本词汇,还可以利用已经习得的认知能力通过熟悉的基本词汇来映射并掌握各个行业的专业英语词汇。学生还可以把对母语的隐喻、认知能力迁移到英语词汇的学习中。对于一些未知的事物或概念,学生也可以根据习得的隐喻能力进行联系和认知。

(五) 把握中西隐喻文化内涵差异,比较汉英隐喻异同

作为重要的认知手段,隐喻体现人类思维的共性。隐喻的认知共性表现在

不同文化中的语言使用者都能运用隐喻认知和理解隐喻语言。隐喻作为一种各民族共有的认知方式，为来自不同的文化背景的人们之间的交流和沟通提供了心理基础。虽然隐喻反映出人类隐喻思维具有相通的共性，但是不同的民族会有其特有的文化特色。语言作为文化的载体，在词汇和句法等各个层面都会折射出文化的不同。

词汇是语言的根基所在，在词汇教学中引导学生了解汉、英两种语言间的文化内涵差异必不可少。这样不仅可以帮助学生深入理解词汇的内涵及其隐喻意义，还可以使学生知晓中西方隐喻的思维差异。同一事物在不同语言中的隐喻表达不尽相同，感情色彩也有所差异。

在这种词汇习得过程中，学习不仅可以知其然，还能知其所以然；不仅可以习得词汇的意思，还能习得词汇意义背后的文化内涵，促进学生准确把握多义词。此外，学生对词汇的理解与掌握也容易许多，对词汇的记忆更牢固，时间也会更久。

（六）教师要加强对认知语言学理论知识的学习

认知语言学中的范畴化、概念隐喻、框架语义等理论都把词汇作为研究的主要对象，认知语言学和词汇习得的重点都是意义的获得，认知语言学理论让二语学习者对词汇有了新的、更深入的认识，为二语教学研究注入了新的活力。迄今为止，认知语言学与二语教学的融合已初见成效，把认知语言学应用于二语教学取得了令人满意的成果。但认知语言学的理论比较复杂、术语比较抽象，如果没有一定的认知语言学知识，很难自如地在教学中应用认知语言学，也不能帮助学生达到理想的学习效果。要想给学生认知语言学的"一碗水"，教师必须有认知语言学的"一桶水"，教师要把握认知语言学最前沿的发展动态，了解认知语言学的最新理论，方能用最先进的认知语言学知识来武装自己、指导学生。

第六节　意象图式与多义词

意象图式是词汇范畴、原型理论和隐喻映射的基础，它是感知和概念的联系。意象图式可以用来解释多义词演变的内部机制，有了它，隐喻才会成为可能。多义词的多义意义始于体验，通过意象图式、范畴化、概念和意义转变为初始意义，再经由隐喻或转喻使词义得到进一步延伸。在从隐喻的源域映射到目标域的过程中，意象图式及转换规则在其中起了关键作用，意象图式是多义的根本，也是语言不断演变的动力。

意象图式通过人与外界的互动提供感知和概念的结构和关系，并借助隐喻来对概念进行认知加工活动。意象图式可以解释单词拓展的机制，意象图式是对世界的一种抽象概括，也是词汇义项拓展的基本途径，在义项的辐射状范畴中，意象图式的变形处于中心位置。传统语言学将词汇意义的变化归于历史和社会因素，认知语言学将此归因为意象图式的变体。

意象图式是范畴、概念、意义、语义和隐喻的坚实基础，如果想让学生理解词汇意义是如何由单个意义或原始意义形成的，首先要通过音和义来了解，然后了解多义词的引申义是如何通过隐喻形成的。阐明近义词、上位词、下位词之间的关系，以及有不同认知域概念的单词间的关系。如果学生能理解词汇发展的内部规则并掌握意义来源和形成机制，那么学生就可能高效地获得记忆单词的能力。意象图式是英语单词语义形成和多义项演变的前提，在理论和实践中，如果把意象图式应用于中国学生英语词汇的习得中，会给中国学生带来一种全新的、有效的学习策略。

吉布斯等语言学家研究了 stand 一词，通过研究，他们发现人的自身体验是人认知的基础，人类通过自身对外界的体验形成意象图式，意象图式又会触发 stand 的多个义项。他们通过四个实验来验证这个发现，受试者是一组大学生。在实验一中，研究者让受试者做起立、移动、俯身、下蹲、踮脚、伸展身体等一系列动作。受试者在做这些动作过程中会形成自己的体验,体验到"站"关联到很多其他不同的意象图式。受试者继续阅读12个和"站"有关的意象图式的描述,并判断各个描述与"站"的关联性。实验证明,"站"有五个关联最大的意象图式,分别是:纵向、平衡、抵抗、连接、中心—边缘,关联最小的是循环与路径。在实验二中,由另外一组大学生作为受试者,主要研究受试者对stand不同义项的相似性判断。受试者按照要求把stand的35个义项分为5类。实验研究者的假设是受试者会把具有类似意象图式的义项归为一类,而受试者没有对stand的身体义项和比喻义项加以区分。在实验三中,受试者与实验一的受试者相同。实验目的是检测实验一中的五个意象图式与stand义项的关联。研究者首先要求受试者站立,把注意力聚焦"站"的不同方面的体验。在受试者站的过程中,研究者描述纵向、平衡、抵抗、连接、中心—边缘这五个意象图式,并给出stand的35个义项,要求受试者对每个义项与五个意象图式的关联性给出相应的等级。实验中,受试者对stand义项的理解由意象图式激发。实验四中,研究者认为受试者把stand各种义项分为不同类,不能用受试者对stand的语境来了解,而受试者的相似性判断说明他们理解不同的意象图式激发的多义词不同的义项。由此可见,意象图式能激发词的多个义项。

詹全旺、朱然以意象图式为切入点,研究了英语多义词throw的词义衍生。他们把throw的35条义项分为4大类,通过对这些义项的分析与归纳,了解throw的词义衍生过程,并通过意象图式掌握词汇衍生的认知理据。通过上文的介绍,我们知道意象图式有部分—整体图式、中心—边缘图式、路径图式、连接图示、前—后图式、上—下图式。根据《牛津英语大辞典》记载,throw最初的意思是"转、扭曲",他们把这个义项归为第一大类,此类的意象图式是在外力作用下某个物体沿着一定轨迹转动。作者给出了这类义项的一个意象图式,如图4-6-1所示。

第四章　基于认知语言学的英语多义词教学

图 4-6-1　throw 第一类义项的意象图式

中古时期，throw 在"转"的基础上又增加了"抛、扔"的义项，被称为第二大类，这也是现代英语中应用最广泛的义项。第二大类义项的共同点是物体离开了施力者。第二类义项是在第一类义项的基础上通过转喻获得的，转喻可以激活同一个理想化认知模型中相近的概念实体。第一类义项的"转动"和第二类义项的"抛、扔"属于同一个理想认知模型，转动某个物体和扔某个物体都需要手和手臂的动作，所以"转动"的概念激活了具有临近关系的"抛、扔"的概念。通过转喻，由第一类义项"转动"衍生出来了第二类义项"抛、扔"，并且逐渐演变为固定义项。对于这个义项，詹全旺、朱然也给出了它的意象图式，如图 4-6-2 所示。

图 4-6-2　throw 第二类义项的意象图式

第二大类义项还会继续衍生一些子义项，在这个过程中，隐喻起着举足轻重的作用。人类通过已知的、熟悉的事物和概念来映射不熟悉的、抽象的事物和概念。

throw 的第三类义项叫作"怀孕用法"，其中包含的义项有"用力（将某人）摔倒在地""制造""使慌乱""（家畜）产子"等，这些义项都包含"分离"的意义。其中，"摔倒在地"是最先出现的义项，它是由第二大类义项演变而来。如果我们抛或者扔一个物体，这个物体落地的时候就是被摔倒在地的状态。与第二类义项注重过程不同，第三类义项的焦点在结果，在同一个理想认知模式中，通过过程把结果激活了，这又是一次转喻。从这个意义上说，第三类义项是第二类义项通过转喻获得的。对于第三类义项，两位作者给出了意象图式，如图4-6-3所示。

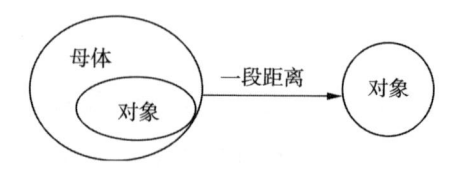

图4-6-3 throw**第三类义项的意象图式**

throw的第四类义项是前文三类义项的比喻和迁移，此类义项包括："快速放置、快速穿衣""按动、扳动、推动（开关、操纵杆等）""伸展或延长"等。第四类义项的意象图式与前几类相似，但是在灵活性和抽象性方面比前三类更大，离散性也更大。把各个义项进行归纳总结，我们会发现，无论是"快速放置、快速穿衣""按动、扳动、推动（开关、操纵杆等）"，还是"伸展或延长"，这类义项基本的意象图式都是路径图式。可以用图4-6-4表示。

图4-6-4 throw**第四类义项的意象图式**

通过上文对throw意象图式的分析，不难看出词汇的意象图式不是固定不变的，而是随着语境、历史的发展而不断发生衍变。它的变化主要表现在两个维度：一是历时变化。由于外界的不断变化，人类对外界的体验也在变化，以体验为基础的意象图式也要发生相应变化。二是共时变化。语境不同，相应的意象图式也不尽相同，这也再次证明了意象图式是灵活的。我们通过throw的意象图式就会发现，虽然四类义项的意象图式都是路径图式，但是每一类图式都是以路径图式为基础进行相应的调整。这样，英语学习者在学习过程中遇到throw，就可以根据语境调取相应的意象图式。

威廉姆斯研究发现，意象图式与意象图式转换以及在各种概念域中的意象图式的隐喻示例能解释大量的概念和语言多义性。

一、体验意象图式及变形

意象图式结构的灵活性很高，其以认知为基础，会随着语境而不断变化，产生多种变形，变形的根源是由于概念构成过程中注意的重心发生变化。概念化涵盖了意象图式间的关系，称为意象图式变形。意象图式变形基本包括以下模式：注意力覆盖移动物体的路径到其停止点，也就是路径—停止图式；多个物体由聚集在一个地点到分散到各个地点到彼此独立，称为多元—扩散图式；注意力跟随物体移动，称为轨迹图式；图式中有一个小管道和一个大球，管道首先扩大到容纳大球，然后缩小到被大球容纳，称为重叠图式。

二、空间范畴意义扩展

意象图式的意义扩展可以发生在空间范畴内，也可以从空间范畴拓展至抽象范畴。如果某个词有多重空间意义，说明它有多种意象图式变形。由于意象图式会产生不同的变形，就会有其他的意象图式，因此，词汇便具有不同的空间意义，从而扩展了空间意义。在英语中，我们可以把介词词组看作一个路径，也可以看作一个静止的地点，这是由于注意力焦点的变化。比如：

(1) He walked across the street.

(2) He waved to me across the street.

在（1）句中，across 指的是经过的路径，从街道的一边到另一边；在（2）句中，强调的是最后的终点。（1）句的注意力焦点在路径上，（2）句的注意力焦点在终点上，这是一个路径—停止图式变形。

三、由空间范畴向抽象范畴的扩展

从空间范畴到抽象范畴的扩展使词汇意义由物理范畴扩展到上位抽象范畴。图式为空间范畴的事物提供投射路径，完成到抽象域的投射。抽象域中最基本的图式是空间意象图式,这是因为人类的大部分经验源于空间经验。

四、意象图式对多义词教学的启示

意象图式作为一种认知方式,与人的思维和日常生活密不可分,它能给英语学习者带来认知理据和清晰的逻辑。基于意象图式与多义词义项之间的认知联系,我们发现意象图式可以很好地解释词汇的多义现象。我们可以尝试将意象图式理论应用于多义词的教学中,并期望形成一种优于传统词汇教学方法的教学方法和模式。首先,教师要充分了解意象图式理论及其分类,打下坚实的理论基础;其次,重视自身与外界的互动,因为这是意象图式的来源;最后,因为隐喻在意象图式发挥作用的过程中起着非常重要的作用,所以也要加强对隐喻的掌握,使隐喻与意象图式紧密结合,从而更好地指导学生系统地习得多义词汇。

第五章 基于认知语言学的英语介词教学

第一节 介词的早期研究及习得现状

一、英语介词的基本情况

介词是英语重要的组成部分,据统计,英语中各类介词共有 285 个,而汉语中只有不到 30 个。英语中平均 8 个单词中就有 1 个是介词,在美国布朗语料库中,介词占 12.21%,英语中最高频词汇前 100 个中有 15 个是介词;在英国兰开斯特—奥斯陆—卑尔根语料库中,介词占 12.34%。由此可见,介词在英语词汇中发挥着不可或缺的作用。作为语言微观层面的介词是语言的精细结构。与实词不同,介词是封闭类词汇,它的数量固定且不多,只占英语词汇的一小部分。但它却是英语中最活跃的词类之一,它有复杂的语义搭配关系和丰富的隐喻含义,具有很高的抽象性,是我国英语学习者的一个障碍。英语介词的重要地位及难以掌握的事实决定了对介词研究的必要性。

二、英语介词习得的相关研究

介词的早期研究主要集中在语法、语义方面。传统语言学认为,介词意义的表达是通过和它搭配的动词或名词而实现的,传统语言学家根据介词的使用情况及其搭配对介词进行分类和概括。传统语言学采用描述法,往往借助与介词相结合的名词或动词来理解其意。语法视角的早期研究主要关注介词在句子中的位置以及功能,介词被作为功能词和语法词来学习,介词的各个义项是有限的、固定的、闭合的,而且这些义项在介词的发展历史中很少会发生改变。结构主义语言学认为介词与动词和名词等实词不同,其没有实际意义,只能算是一种功能词。生成语言学认为,介词的主要功能与句中的动词类似,生成语言学家主要研究句法,他们把语义视为句法的附属品。在我国,以张道真(1981)为代表的语言学家从结构主义角度来研究英语介词,他们认为,英语介词的主要作用是表示关系,在这方面,其要优于名词和代词。这一时期介词的研究者都一致认为,介词是用来描述它与句中其他单词的关系,介词只是语法工具,不认为介词也有语义意义。

乔姆斯基认为,英语介词的语义意义有很大的任意性,介词的作用主要是用一种没有组织的方式罗列各个意义,偶尔会与某个介词联系起来。结构主义认为,介词的多个义项是任意的,并且很少改变,这很明显是错误的。

布鲁格曼(1981)通过对介词 over 的研究认为,介词的研究不能只关注介词本身,而忽视句法环境。受句法环境的影响,介词的意义是各不相同的,他还指出,介词的意义也受动词和介词后的名义表达式的影响。

三、英语介词的习得现状

(一)在英语教学中,学生在介词的使用上经常出现的问题

首先,有的学生对介词的概念比较模糊,不清楚介词的词性和用法,直接把介词当作动词来用,这种现象在学生的写作中比比皆是。

其次,对于动词搭配的介词,学生经常容易混淆。在英语中,很多介词的搭配都是固定的,很多学生对搭配的介词都死记硬背,不清楚介词的规律,所以经常出现介词乱用的现象。

最后,很多学生会出现多加或者遗漏介词情况,这可能是由于汉语的负迁移导致的。由于英汉差异,很多学生在用英语表达时经常忘记在不及物动词后面添加介词,或在及物动词后面添加介词。

(二)学生在介词习得方面存在困难的原因

一是英语介词本质上的多义性。英语介词的数量相当有限,为了表达的需

第五章　基于认知语言学的英语介词教学

要，介词需要延伸和扩展，因此介词词义的不确定性很大。

二是母语的负迁移。母语背景不同的人所形成的空间概念系统存在明显差异。最典型的一个例子是在英语中要表达"在校园里"，不是"in campus"，而是"on campus"。这是因为西方的很多学校没有围墙，而中国的学校大部分有围墙，所以英语初学者在表达"在校园里"时往往会错误地表达成"in campus"。

三是学生在介词学习方面的困难和问题与教学也存在一定关系。传统教学一般把动词作为学习的重点内容，对于介词学习一带而过。传统教学认为介词的用法没有任何规律，教师在教授介词时，往往把介词的用法一股脑儿地介绍给学生，没有意识到介词各个义项间的认知联系。然后让学生机械记忆各种用法，学生死记硬背的学习效果甚微。学生感觉对介词的多个义项束手无策，不能真正理解其间的区别，也不能准确地加以应用。如何使学生有效习得介词的多个义项引起越来越多英语教师的关注，英语介词也逐步成为国内外学者研究的关注点，成为二语习得领域的重要研究课题。介词体现的空间关系、介词词义的多样性以及词义的拓展等都吸引越来越多的语言学家对其进行探索。

随着认知语言学的兴起，认知语言学家们尝试用认知语言学来解释多义词，同时发现介词的多个义项也会形成一个多义网络。在语义网络中，也存在核心义项和边缘义项。与多义词的学习一样，从认知角度来理解介词各个义项的内部机制，能让学生在理解的基础上掌握介词的各个义项以及它们之间的认知联系，学习效果明显优于传统的机械记忆的学习方法。

泰勒、穆勒和霍（2011）使用认知语言学的意象图式方法介绍介词 to、for 以及 at 的语义，结果显示学习效果良好。我国也有很多学者从认知语言学角度研究介词，其中主要是从概念隐喻的视角，大部分研究仍然是以国际学者的研究为指导和基础，并且取得了不错的学习效果。

第二节　多义介词的认知解释

介词是英语研究中的一种多义现象。与其他词类相比，它的语义更为抽象，其引申意义因素较为复杂，给学习者带来一定困难。英语多义介词成为非英语国家学者关注的焦点，也是二语习得领域的一个重要研究课题。

一、认知语言学理论下的介词一词多义现象分析

(一) 原型理论——突出介词词义的根本属性

原型理论认为，家族相似性不仅可以决定一个范畴的形成情况，也可以在此基础上让家族成员间有某种相似的特征。在一个范畴中，具有典型范畴特征的成员被称为原型，不具有典型特征的成员与原型的相似度大小影响了它在范畴中的地位。从范畴中心向四周，成员与原型的相似特征呈递减趋势。英语介词的多个义项中存在原型，在这个范畴内，在原型的基础上，词义向四周不断延伸，以突出介词的表达能力。很多介词的原型意义表示空间意义，在此基础上，其意义可能会拓展至时间意义、情感意义和抽象意义等。其中，空间意义是介词词义的根本属性。例如介词 in，它的基本意义是"在里面"。在现代英语中，in 有了更丰富的意义。它可以表示"在某段时间内"，如 in 2022；它也可以用于描述具体的环境，如 in the rain；还可以表示状态，如 I'm in love；还可以表示工作或职业，如 He is in the army；还可以参加某个活动，如 to act in a play。这些延伸意义与原意都存在一定差别。有时介词与其他词一起搭配使用，也会衍生新的意义。这些意义衍生的基础都是范畴中具有根本属性的原型。

（二）意象图式理论——强调抓住介词词义的内在规律

当代认知语言学认为，意象图式是一种体现了经验的先验语言学结构。意象图式是认知语言学中最主要的概念之一，无论概念化过程中要形成什么样的感觉和经验，意象图式都有助于我们在认知过程中建立理解和推理的模式。意象图式是由我们的身体互动、语言经验和历史语境形成的。它们不只是抽象的语义原则，而且是更直观的心理图式。意象图式比具体的范畴和抽象的原则更重要。意象图式作为概念与具体情境之间的桥梁，也将概念按照阵列的连贯顺序排列。基于意象图式，经验中所有不同的感觉和动机都可以直接的方式表达出来。根据意象图式理论，我们可以区分概念的任何意义，并将这些概念之间的联系关联起来。意象图式在我们的抽象思维中也很重要。意象图式在人类的认知中有两个重要的作用：一是通过这种思维工具，人们可以对自己头脑中的概念模式有直接而清晰的理解；二是通过简单而生动的结构来解释复杂的概念，特别是抽象的概念。

英语介词主要用于时空意义的表达，这也是英语学习者面临的一个难点。意象图式抓住介词的内在本质，介词常被用来表达空间和时间的范围，这使得介词在不同的时间和空间搭配中表现出不同的含义，从而形成介词的惯用规则。英语介词在进行时间和空间的搭配时，其细化和分化也使其在一定程度上实现了意义的转换。

通过意象图式理论，我们可以对介词进行深入分析，这样我们不仅可以感受到介词多义词的相关性，还可以发现其变化规律，从而有效促进英语介词多义词的学习。

（三）概念隐喻理论——扩展并延伸介词词义

认知语言学认为，隐喻不仅是一种修辞手段，更是一种认知现象和思维方式。隐喻不仅存在于语言中，也存在于思想和行为中，我们的概念系统也是隐喻的。对于很难表达的抽象概念，人类往往借助自身的生活体验去理解，介词的众多义项也是通过隐喻映射而来。隐喻扩展延伸了介词的词义，这些延伸义项在本质上都是相通的，延伸义项会受到文化因素、社会因素等因素的影响。但是都保留着本质属性。如介词 in 可以表示"在某个空间里面"，也可以表示"在某个时间段内""在某个职业内""在某个活动内""处于某种状态"，在其本质上都是表示"在里面"，没有脱离 in 的本质意义。在介词学习中，只有掌握了介词的意义和其延伸的规律，才能更高效地掌握介词。

在介词学习中，学习者了解认知语言学的原型范畴理论、意象图式和概念隐喻理论，可以更好地理解介词各个义项背后的理据性，对介词的意义知其然，也知其所以然。学习者对介词的多义现象有了更透彻的理解，有助于他们更好地掌握介词，对英语这门语言也有更深刻的认知。

二、介词一词多义现象的认知理据

认知语言学家尝试提供合理且有力的证据来表明介词的多个义项是彼此联系的。20 世纪 80 年代，布鲁格曼最早对多义词进行了研究。她的研究表明，介词的不同意义和语义的微小变化有关，语义配置受动词和名词短语属性的限制。除此之外，她还指出，如果我们不考虑句法因素，就不能正确分析介词。

雷可夫以布鲁格曼的研究为基础研究了介词 over，解释了 over 的 24 个不同的义项。他提出了网络模式，并列出七种典型的意象图式模式。雷可夫描述了介词的语义并举例说明了概念分类的基本结构，他认为这个基本结构是由中心成员和其他与中心成员相关的成员组成的网络系统。此外，他还提出了意象图式转换概念，并主张意象图式转换在范畴中发挥着重要作用。通过介词扩展感官的研究，雷可夫在概念隐喻理论上做了解读，并把空间域作为基本的源域。

约翰逊也归纳了 27 种重要的、典型的意象图式。

第五章 基于认知语言学的英语介词教学

兰盖克在认知语言学的框架下研究了英语介词 above、below、through 和 out。他用射体和界标来展示介词表示的空间联系，他也支持用意象图式来分析和理解介词。他还建议我们要聚焦意象图式，用抽象的和普通的方式来描述介词，我们可以把介词的各种用法和心理画面联系起来，这样可以实现充分地理解介词。

泰勒也对英语介词的研究做出了重大贡献。他发现，介词可以用不同的方式来强调射体和界标间的关系，如动态关系和静态关系等。同时他还发现存在于介词意义中的意义链，如果其中的一个意义发生变化，便会影响其他的意义。

泰尔和伊万斯以上述研究为基础，提出了一词多义语义网络模型。他们认为每个介词都是由示意图轨迹和示意性标志构成的。在前人的研究基础上，他们提出了 over 的意象图式。

克罗夫特和克鲁斯以约翰逊和雷可夫的研究为基础，提出了七种意象图式。

尽管认知语言学者对英语介词有不同观点，但有两点是一致的：一是每个介词都有一个始于空间关系的核心意义，以核心意义为中心，形成一个范畴，其中有核心义项和边缘义项；二是介词有多个语义成员，多个成员是互相联系的一个系统。

认知语言学为英语介词教学开辟了一个新的视角。认知语言学的原型范畴理论认为，介词的多个义项形成一个以原型意义为核心的语义网络，其中原型义项与边缘义项的地位不对等。与多义动词的原型义项一样，介词的原型义项也是语义网络中最先被认知、最容易习得、最具代表性的义项，其他义项是以原型义项为核心，通过意象图式以及隐喻，运用家族相似性衍生和拓展而来的，原型义项和通过它而获得的其他义项构成一个互相联系的语义网络。我们将分别运用认知语言学的意象图式、原型范畴和概念隐喻来理解介词的多义性。

第三节　意象图式与介词

一、英语介词的分类与意象图式

通过第三章的讨论我们知道，意象图式不是具体某个事物的图像，而是指人类以体验性为基础对抽象事物的一种整体认知。意象图式的形成以生理和物质为基础。人体与人体之外的世界形成第一种空间关系，这种关系经过我们的反复使用会形成意象图式，它不仅是具体的形象，也是抽象的认知结构。为了有关的经验结构，我们不断使用某个图式理解现实世界的某种关系，从而形成我们感知、思维、行为的一定的形式和结构。常见的意象图式有上－下、部分－整体、中心－边缘等二十多个，这些意象图式还可以转化成抽象的意象图式。

我们对具有相似性的多个实例进行不断体验与感知、不断概括形成抽象的结构，这就是意象图式。意象图式是连接感性与理性的重要机制。意象图式是心智的基本组成部分，是人类认知能力的基本表征，是意义获取的重要方式。意象图式也是介词教学和学习的重要手段，借助意象图式可以形成介词的意义网络。意象图式能帮助英语学习者更好地把握介词的基本结构及其引申意义，可以帮助学习者更准确地理解抽象概念间的关系，我们可以把认知语言学的意象图式法看作介词传统教学有效的补充方法。

介词可以分为以下五类：

(1) 简单介词（simple prepositions），例如 on、in 等。

(2) 复合介词（compound prepositions），例如 into、onto 等。

(3) 双介词（double prepositions），例如 out of、from behind 等。

(4) 分词介词（participle prepositions），例如 concerning 等。

(5) 词组介词（phrase prepositions），例如 with regard to、on behalf of 等。

第五章 基于认知语言学的英语介词教学

本节只讨论前三种介词，因为它们是英语的基本介词，而分词介词是由动词的现在分词或者过去分词组成的具有与普通介词一样功能的介词，它们的意义通常取决于动词分词的意义，只是在使用中逐渐抽象成作为功能词的介词。词组介词由基本介词与其他介词或者其他非介词词语组合而成，具有普通介词的功能，而且它们的用法往往取决于词组中的最后一个介词。

二、简单介词的意象图式

根据兰盖克的理论，我们知道意象图式包含三个因素：射体、界标和路径。射体通常指的是在关系结构中最突出的元素，射体的移动产生路径，界标指的是关系结构中相对静止的物体，并且充当射体的参考。三者中，路径是连接射体和界标的桥梁。借助界标，射体的移动方向和位置可以被锁定，由此可见，界标的地位也不可忽视，但是射体往往被赋予更重要的作用，三者中，射体成为研究的焦点。不论是静态关系，还是动态关系，意象图式都可以表达，无论表达哪种关系，射体、界标和路径都缺一不可，并且这三个因素会以各种方式不断变化。首先，射体和界标的大小和形状会产生变化；其次，射体可能与界标有接触，也可能是界标的一部分。因为意象图式是一种抽象的理想模式，它不会详细描述射体和界标的形状、尺寸等细节性信息，也不会详细研究射体和界标间的接触程度等。举个简单的例子，"A key is on the desk."。这句话中，钥匙的大小、形状等细节信息都不重要，钥匙和桌子的接触面大小也不重要。钥匙也可以是任何别的物体，可以是更大的书，也可以是更小的针。同样，桌子可以是椅子，也可以是书等。对于本句中 on 的意象图式，我们可以用图 5-3-1 表示。

TR
LM

A key is on the desk.

图 5-3-1 on 的意象图式

昂格雷尔和施密德对射体、界标和路径又做了更详尽的解释。物体与地面的关系可以视为位置关系，这种关系通常由介词实现。也就是说，我们可以把关系介词理解为一种物体与地面的关系。其中的物体便是射体，地面充当物体的参照点，即界标。此后经过认知语言学的进一步概括，射体代表关系结构中最明显的因素，而关系结构中射体之外的其他实体都可以被看作界标。

这种借助射体和界标的描述方法为介词学习注入了新鲜的活力，它展现出介词多个意义间的联系。这种统一的认知描述可以解释千变万化的介词意义，这无疑是对传统观点的一种挑战。传统观点认为，介词各个意义间是随意的、没有联系的，需要学习者机械记忆各个毫无关联的义项。认知语言学的意象图式借助射体、界标和路径，给介词教学和学习带来一种生动的、可视化的学习方式，让介词的教学和学习更加生动有趣。

介词意义产生于体验空间关系的过程中，空间意义是介词的第一个意义，介词意义始于人的体验，始于空间。人类通过自身的经验以及人类与外界的互动衍生出各种意象图式。英语中如 under、over、at、in、on 等介词虽然可以分别表示方式、状态等，但是它们无一例外地都可以表示空间。而且，在英语的同语系语言中也是如此。法语和德语中的大部分介词也都有表示空间的含义，这绝非偶然。由此我们可以判断出，空间意义是介词的基本意义，图式表达各种空间因素的特点及其相互之间的联系，通过转换，图式还可以表示非空间关系，很多非空间意义是在隐喻的基础上拓展而来的。下面我们分别介绍几个常用介词的意象图式。

（一）介词 up 和 down 的意象图式

up 和 down 是比较直观形象的两个介词，也是意义相对简单的两个介词，学习者在学习过程中的障碍较小。我们首先了解 up 作为介词时的义项。

(1) 向、在（较高位置）。

She climbed up the flight of steps.

第五章 基于认知语言学的英语介词教学

（2）沿着；顺着。

We live just up the road, past the post office.

（3）向……上游；溯流而上。

a cruise up the Rhine

我们可以发现，up 的义项都表示"向上"或"在较高位置"，因此我们可以用起点—路径—目标的图式来表示，分为静态和动态两种情况。

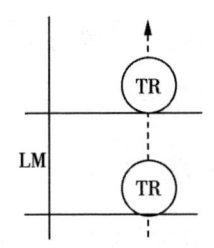

图 5-3-2　up 的意象图式

上图的意象图式表示动态过程，对于静态的义项，我们可以理解为只有路径的终点状态。

down 做介词的主要义项有：

（1）（从高处）向下，往下。

The stone rolled down the hill.

（2）沿着；顺着；朝着。

Go down the road till you reach the traffic lights.

（3）贯穿……时间；遍及……时期。

an exhibition of costumes down the ages

与 up 用法类似，down 的意义都表示"向下"或"在较低位置"，我们也用起点—路径—目标的图式来表示其意义。其意象图式方向与 up 恰好相反。我们用图 5-3-3 来表示。

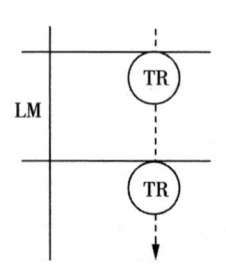

图 5-3-3 down 的意象图式

这个意象图式表示动态的路径，在表示静态的位置状态"在较低位置"时，我们理解为射体在路径的终点处。

(二) 介词 over 的意象图式

介词 over 是英语中使用频率较高的一个介词，也是在英语学习过程中容易出错的一个介词。over 是语言学家最先关注的介词，也是他们研究最多、最深的一个介词。对介词 over 的认知研究为介词研究注入了新鲜的活力。

《牛津高阶英汉双解词典》中 over 的意义如下：

(1) 附于（某人或某物）之上并将之部分或全部遮住。

Spread a cloth over the table.

(2) 在或向（某人或某物）的上方但不接触。

They held a large umbrella over her.

(3) 从（某物）的一边到另一边；横越。

The plane flew over the house.

(4) 在（某物）的远端或对面。

He lives over the road.

(5) 越过（某物）到另一边。

climb over a wall

(6) 从某处落下。

The car had toppled over the cliff.

（7）遍及（某物或某处）各处或大部分。

Snow is falling over the country.

（8）多于，超过（某时间、数量、价钱等）。

She is over two meters tall.

（9）表示控制、掌握、权威、优越等。

He has little control over his emotions.

（10）在……期间。

We'll discuss it over lunch.

（11）渡过（困难阶段或局面）。

We're over the worst of the recession.

（12）由于；关于。

an argument over money

（13）利用；通过。

We heard it over the radio.

（14）声音大于。

I couldn't hear what he said over the noise of the traffic.

泰勒和伊万斯把 over 的 14 个义项分为五大类，分别如下：

（1）在……另一边。在这种情况下，射体的路径为零，表示某种状态或者某个路径的终点。例如，The old town lies over the bridge。

（2）高于并超过。表示的是射体动态的路径，射体位于界标上方且不接触。例如，The ball landed over the wall。

（3）完成。表示动作或过程的完成。例如，The cat's jump is over。

（4）转移。本例中，射体从一个目标转移到另一个目标，射体不一定位于界标上方。例如，Mike turned the keys to the classroom over the monitor。

（5）时间。通常指射体所经过的距离或者某件事情所花费的时间。例如，The gentleman walked over the bridge。

结合上文雷可夫提出的意象图式的类型，我们把 over 的这些义项进行分类整理。over 的 14 个义项可以分为以下几种情况：

over 的基本含义是射体静止位于界标上方，并且两者不接触。通过观察我们可以发现，over 的大部分义项有"在上方"的含义，射体有的是运动的，有的是静止的。表示静止状态的典型义项包括义项 1、2、7，这三个义项都表示射体静止处于界标上方，符合"不接触"含义的典型义项是义项 2，义项 1、7 表示的是接触状态。义项 7 和义项 1 的区别在于义项 1 是射体全部覆盖于界标之上，而义项 7 是射体接触部分界标，我们可以用部分—整体这一意象图式来加以解释。义项 2 和义项 1、义项 7 我们可以分别用图 5-3-4 表示。

They held a large umbrella over her.　　Spread a cloth over the table.

Snow is falling over the country.

图 5-3-4　over 的意象图式

义项 8 表示数量、时间、价钱等更多，英语中有一个普遍的隐喻 more is up; less is down。如果义项 8 中的射体在数量、时间、价钱等方面多于界标，那么射体这些抽象概念就位于界标的上方。与此类似，义项 14 中射体声音的分贝高于界标，因此也处于界标的上方，与义项 2 的意象图式相同。义项 9 所表示的权力与控制权几种抽象概念很明显也是需要借助隐喻进行衍生的。通过英语中的隐喻 control is up; lack of control is down 可知，掌握控制权的射体与界标相比，射体在上。所以，义项 8、9、14 都可以看作义项 2 的隐喻衍生义项，都可以用义项 2 的意象图式来了解它们的含义。

义项 13 的"利用；通过"类似义项 1。义项 1 中的射体与界标有点或面的接触。义项 13 中的射体和界标也是接触的，接触点就是义项中所"利用或通过"的媒介。因此，我们可以借助义项 1 的意象图式理解义项 13。同样，义项 12 "由于、关于"的用法和义项 13 一样，例句中的"argument"是射体，话题是界标，两者的接触点就是"money"，射体在界标之上且接触。

通过上文的论述，介词 over 的义项 1、2、8、9、12、13、14 都可以用上—下的意象图式表示。比较特殊的是义项 7，除上—下的意象图式外，它还包含着部分—整体的意象图式。

over 的另一个意象图式是起点—路径—目标图式。义项 3 是这个意象图式的一个典型。这个意象图式可以用图 5-3-5 表示。

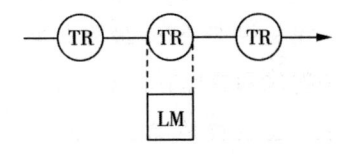

The plane flew over the house.

图 5-3-5　over 的起点—路径—目标意象图式

上图 over 的意象图式表示的是一个动态过程，射体从左向右按照箭头方向移动，从而形成一条射体的路径。义项 5、6 和义项 3 意思相似，略有不同的地方是义项 5、6 的路径路线。义项 3 射体的路径与界标是平行的，义项 5 的路径类似以界标为圆心的半圆，义项 6 的路径是义项 5 的一半。至于义项 4 的意象图式，我们可以理解为只有路径的终点，没有起点。我们可以用图 5-3-6 表示义项 5、6、4 的意象图式。

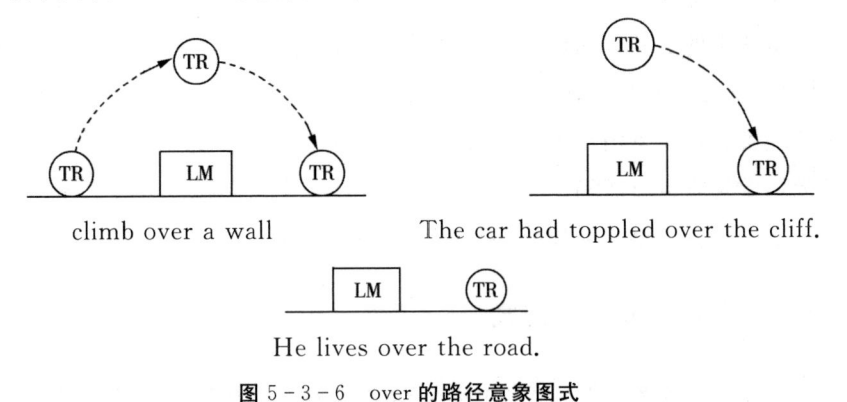

climb over a wall　　　　The car had toppled over the cliff.

He lives over the road.

图 5-3-6　over 的路径意象图式

我们可以把义项10作为义项3的隐喻拓展，在某件事情发生期间和在某段路程中，两者极为相似，因此，义项10是将空间的路径通过隐喻拓展为时间。意象图式同义项3一致。义项11可以看作义项4的隐喻扩展，义项4表示的是空间路径的终点，义项11表达的是时间或某个过程的终点，也属于空间向时间的隐喻衍生。

通过上文的论述，介词over的义项3、4、5、6、10、11可以用起点—路径—目标图式来表示。

对于介词over的14个义项，我们将其分为两大类：第一类是上—下意象图式。其中又细分为三种。第一种是over最为典型的含义，射体在界标上方且不接触；第二种和第三种射体和界标有接触，第二种侧重面的接触，第三种主要侧重部分—整体的接触，这三种情况涵盖了over的大部分义项。第二类是起点—路径—目标图式，具体的路径分为全程、半程、终点三种。over的剩余义项基本属于第二类。根据上述意象图式，学生对over的各个义项一目了然。

传统的英语介词教学课堂中，教师一般会逐个向学生列举over的各个义项，虽然会借助例句帮助学生加以理解，但是学生感觉介词学习依然非常抽象。面对over的十几个义项，大部分学生会记得非常混乱，往往"顾此失彼"，学习效果不尽如人意，很多学生只能记住个别含义，经常出现"张冠李戴"现象。教师和学生都苦不堪言。在意象图式理论的帮助下，我们可以借助多媒体给学生展示over的几种主要意象图式，学生可以直观、形象地了解over表达的关系，然后通过具体的例子进一步深化学生对各个意象图式和over义项的理解。在学生消化上述意象图式的基础上，对于over的每个意象图式，教师鼓励学生举出更多的例子，一方面可以调动学生学习介词的积极性；另一方面，学生可以更形象地理解over的各个义项，使习得的知识更加牢固。

（三）介词on的意象图式

介词on与over的含义较为相似，很多英语学习者经常会出现把两者混淆

第五章 基于认知语言学的英语介词教学

的情况。我们把这两个介词放在一起解释，充分了解两者的异同，这样可以更准确地把握两者的含义，有效避免两者的混淆。

《牛津高阶英汉双解词典》中 on 有如下义项：

(1)（覆盖、附着）在……上（意指接触物体表面或构成物体表面的）。

There is a mark on your skirt.

(2) 由……支撑着。

She was standing on one foot.

(3) 在（运输工具）上。

He was on the plane from New York.

(4) 在（某一天）。

We meet on Tuesday.

(5) 就在……之后；一……就。

On arriving home I discovered they had gone.

(6) 关于（事或人）。

a book on South Africa

(7)（身上）带着；有。

Have you got any money on you?

(8) 为（某团体或组织）的一员。

Whose side are you on?

(9) 吃；喝；按时服用（药物）。

He lived on a diet of junk food.

(10)（表示方向）在，向，对。

on the left/right

(11) 在，接近（某地）。

a town on the coast

(12) 根据；由于。

On their advice I applied for the job.

(13) 以……支付；由……支付。

Drinks are on me.

(14) 通过；使用；借助。

She played a tune on her guitar.

(15) 与某些名词或形容词连用，表示影响到。

He's hard on his kids.

(16) 与……相比。

Sales are up on last year.

(17) 用于说明活动或状态。

The book is currently on loan.

(18) 用于电话号码前。

You can get me on 01815303906.

如果按照传统介词的教学方法，让学生死记硬背 on 的 18 个义项，无疑是一个巨大的挑战。我们可以尝试用意象图式来理解 on 的众多义项。介词 on 的众多意义中，我们最熟知的典型意义是射体在界标上方且两者接触，界标起支撑作用的既可以是线，也可以是面。义项（1）、（2）属于这个典型的意象图式。这与 over 的不同之处在于，over 的典型意义中射体与界标不接触。我们可以用图 5-3-7 来表示 on 的这个典型意义。

图 5-3-7 on 的意象图式

义项（3）中，人在交通工具上，和义项（1）、（2）的用法相似。与典型的意象图式不同的是，人和交通工具都处于运动状态。但是两者是相对静止的，因此我们也可以用上图的意象图式来理解义项（3）中的射体和界标的关系。

第五章 基于认知语言学的英语介词教学

我们还可以借助隐喻扩展到抽象的概念，如义项（6）中 a book on South Africa。界标可以理解为和话题有关的语义场，射体所涉及的"South Africa"自然与其相关。因此，射体与界标也可以理解为具有抽象意义上的"接触"。

抽象的时间概念也可以通过具体的空间来表现，某个事件发生于某个时间点，我们可以把时间理解为界标，射体即事件。事情发生的时间既可能是某个时间点，也可能是某个时间段。射体事件与界标时间既可能是点的接触，也可能是面的接触，我们也可以用如上的意象图式表示义项（4）。义项（5）与义项（4）情况相似，都是表示某个时间，只不过义项（5）中的某个时间点是某个事件发生的时间，不是具体明确到某个时间点或时间段。

生活中很多事情的实现需要借助一定的媒介，如义项（14）和（18）。我们可以把事情看作射体，实现此事的方法看作界标。射体和界标的联系也就是事情与媒介的联系。射体通过与界标的接触实现某个功能，也就是通过一定的媒介或方法使得某事得以发生。比如义项（14）中通过"网络""电话""电视"等可以获得某些信息；义项（18）中通过"电话号码"可以与某人取得联系。

义项（17）表示一种状态，我们也可以利用具体的空间关系来理解抽象的状态。假设我们要描述的物体是射体，射体有很多状态，各种状态就是界标。射体与界标的接触点或面就是物体所处的状态。

义项（12）为根据、由于，它所引出的对象为所陈述的事情提供某个理由、前提等。这和 on 的典型义项正好契合，界标为射体提供支撑。义项（13）也有与之相似之处，界标为射体提供支撑，射体依靠界标存在。

义项（15）中射体影响界标，其中的"影响"就是射体和界标的接触点。射体位于界标上方，我们也可以理解为射体作用于界标，对界标产生了影响。

综上所述，介词 on 的义项（1）、（2）、（3）、（4）、（5）、（6）、（12）、（13）、（14）、（15）、（17）、（18）都可以借助图 5-3-7 的意象图式来帮助我们理解。

在语言的实际使用过程中，不可避免地会有很多变化。射体、界标以及两者之间的关系都会出现细微差异。首先，射体除了位于界标上方的情况外，射体还有可能处于界标下方，如 a light on the ceiling，甚至侧面，如 a picture on a wall，也有可能在界标内部。义项（7）中"钱在人的身上"，钱往往在人的侧面，射体"钱"与界标"人"有接触。在典型意义的意象图式中，射体和界标只有接触，射体不属于界标。而在实际使用中，射体也有可能属于界标，如 the diagram on page 5。综合以上几种情况，我们可以用图5-3-8来表示上述几个义项。

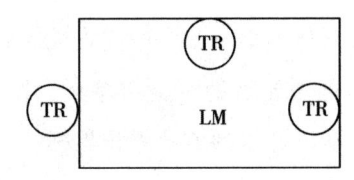

图5-3-8 on 的部分—整体意象图式

同理，部分—整体意象图式也会通过隐喻衍生很多抽象的义项。如义项（8），人属于某个团体或组织，人显然是团体或组织的一部分，用部分—整体意象图式来表示再合适不过。义项（9）中人服用的食物、水及药品的去向都是人的身体内部。人的身体相当于界标，食物和药品等是射体，射体位于界标的内部。

因此，介词on的义项（7）、（8）、（9）都可以借助部分—整体意象图式来理解其含义。

上述提及的几个义项的意象图式中射体和界标均有接触，除此之外，射体和界标也有不接触的情况。如义项（10）中的 on the left/right；义项（11）中的"接近某地"，a town on the coast。在这种情况下，射体位于界标的某个方位。因此，我们可以把界标视为射体的中心，射体以位于中心的界标作为参照物，射体不属于界标。同理，通过隐喻扩展可以得出义项（16）"与……相比"，我们不妨把比较对象作为界标，被比较对象作为射体，界标处于中心位置。射体与界标相比，会出现多或少等情况。如果射体比界标多，那么我们可

第五章 基于认知语言学的英语介词教学

以把射体置于界标上方；如果射体少于界标，我们可以把射体置于界标下方。在这种情况下，射体与界标没有接触，因此不同于上文提到的图5-3-8部分—整体意象图式。因此，涉及的义项（10）、（11）、（16）可以用图5-3-9表示。

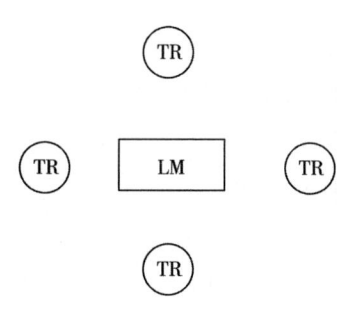

图5-3-9　on的中心—边缘意象图式

结合上文的三种意象图式，我们把介词on的（18）个义项大体划分为三类：第一类是典型的射体位于界标上方且有接触的意象图式。除个别具体的实体接触外，还衍生出众多抽象概念的接触或联系，如时间、媒介、话题、状态等。第一类囊括了on的大部分义项。第二类是部分—整体意象图式，同样，在具体的概念之外，更多的是通过隐喻等扩展的抽象概念。第三类是中心—边缘意象图式，也兼具具体与抽象特质，有小部分义项归于此类。借助直观的意象图式图形，如此复杂众多的义项一目了然，使on的语义网络更系统、明了。这种认识方式在便于学生理解on的同时，能有效避免出现使用中的错误。同时，如果学习者在学习过程中遇到上述几种位置关系，可以对号入座，用介词on来表达各个概念间的关系。

（四）介词in的意象图式

介词in在《牛津高阶英汉双解词典》中有以下18种释义：

（1）在（某范围或空间内的）某一点。

It's in that drawer.

(2) 在某物的形体或范围中；在……内；在……中。

She was lying in bed.

(3) 进入。

She got in her car and drove off.

(4) 构成……的整体（或部分）；包含在……之内。

There are 31 days in May.

(5) 在某段时间内。

in spring/summer/autumn/winter

(6) 在某段时间之后。

She learnt to drive in three weeks.

(7) 在某段时间内。

It's the first letter I've had in ten days.

(8) 穿着；戴着。

She was in black.

(9) 用以描述具体的环境。

He was sitting alone in the darkness.

(10) 表示状态或状况。

The daffodils were in full bloom.

(11) 参加；参与。

to act in a play.

(12) 显示工作或职业。

He is in the army.

(13) 显示某物的形式、形状、安排或数量。

People flocked in their thousands to see her.

(14) 表示使用的语言、材料等。

Say it in English.

第五章 基于认知语言学的英语介词教学

(15) 关于；在……方面。

She was not lacking in courage.

(16) 做……时；……发生时；当……时。

In attempting to save the child from drowning, she nearly lost her own life.

(17) 引出具有某种品质的人的名字。

We're losing a first-rate editor in Jen.

(18) 显示比率或相对数量。

a gradient of one in five.

介词 in 的基本意义表示射体位于界标内部，in 最典型的意象图式是容器图式。许多有界限的具体物体都可以用容器意象图式来理解，如在房间里、在盒子里、在瓶子里等。人的身体可以被视为一个容器，食物等可以由身体这个容器的外部进入内部。同理，人体的各个器官，如大脑、胃、心脏等也都可以看作容器。in 的意象图式也分为静态和动态两种情况。in 的义项中属于静态的有义项 (1)、(2)、(4)、(5)、(6)、(7)、(8)、(9)、(10)、(11)、(12)、(13)、(14)、(15)、(16)、(17)、(18)，静态 in 的意象图式如图 5-3-10 所示。

图 5-3-10　in 的静态意象图式

虽然 in 的意象图式是容器图示，但 in 的很多义项不是简单的空间关系，而是存在很多非空间的抽象概念，如社会经验和感情经历等。在这种情况下，社会组织等可以被当作容器，里面装有社会经验等内容。

in 表示的空间关系可以用来表示一些概念间的内在关系，在用空间结构来理解抽象概念时，概念间的内部逻辑关系依然有效。

如义项 2 中的例子，"她正躺在床上"，"床"就是一个容器，"床"像容器一样有边界，她在"床"的边界之内，"她"这个射体位于"床"这个容器之内。如义项4中，我们可以把"五月"看作一个容器，里面包含的"31天"是这个大容器里面的31个成员。义项5中的春、夏、秋、冬也有比较清晰的界限，它们都可以作为有边缘的容器。义项6的时间与上面情况类似，三周的时间段可以作为一个容器。义项7中的10天有它的起止时间，也就可以将其看作时间容器的边缘，10天这个时间单位就是一个小容器，事件的发生都在这个时间所构成的容器之内。义项8中，"她穿着黑色的衣服"，不是"她"穿衣服的动作，而是表示一种状态。义项11中的"戏剧"就是一个容器，"参加戏剧表演"表示我们进入了这个容器，当活动结束时，就相当于我们从这个容器中出去了。义项12中的"军队"这个抽象概念是一种社会关系，它也可以作为一个容器。士兵的活动都是在"军队"这个容器内进行的。义项13中的数量也可以被视为一个整体，这个数量组成的整体就是一个容器。义项14使用的材料表示的是一种状态，我们可以把"英语"作为容器，所说的材料都用英语表达，表示都在这个容器。还有义项15中更为抽象的"勇气"，以及义项16中"试图救人的行为"，也可以看作一个容器。义项17引出一个名字，"一流的编辑"是射体，"珍"是界标。义项18中in前后都是数值，空间域被映射到了数值域，表示一种相对比率，也是静态关系。

动态的in包括义项3，这个义项表示一种动态过程，in的动态意象图式如图5-3-11所示。

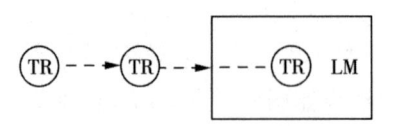

图 5-3-11 in 的动态意象图式

动态in的用法与into的用法较为相似。上述in的动态意象图式是路径图式和容器图式的叠加。义项3非常典型。汽车就是一个标准的容器，她由汽车外面进入到汽车里面，既有路径图式，又有容器图式。判断in的图式是动态图式还是静态图式，我们可以看in是否可以替换为into，如果可以替换为into，那么in所表示的就是动态图式；反之就是静态图式。

第五章　基于认知语言学的英语介词教学

综上所述，我们在介词 in 的教学过程中可以把 in 的义项分为静态和动态两类理解，也就是没有动作倾向的一类和有动作倾向的一类。这样的分类简单、清楚，可以帮助学生内化 in 的众多义项，有利于学生理解和记忆。同样，如果学习者在表达中遇到我们刚才提及的几种图式，就可以考虑用介词 in。

（五）介词 at 的意象图式

at 也是英语中使用频率较高的一个介词。很多学者从原因、空间、关系等方面分别对 at 做了研究。也有很多认知语言学派的学者从认知角度对其进行研究。我们首先尝试从意象图式角度对其进行分析。

在上文我们所讨论的 on 的意象图式中，射体和界标既可能是面的接触，也可能是线的接触。而 at 的意象图式侧重射体和界标点的接触。我们看到《牛津高阶英汉双解词典》中 at 的义项如下：

(1) 在某处。

at the corner of the street

They arrived late at the airport.

(2) 在学习或工作地点。

He's been at the bank longer than anyone else.

(3) 在某时间或时刻。

We left at 2 o'clock.

At night you can see the stars.

(4) 在……岁时。

She got married at 25.

(5) 向；朝。

He pointed a gun at her.

(6) 用于动词后，涉及未做成或未做完的事。

He clutched wildly at the ropes as he fall.

(7) 在……远处；从相隔……远的地方。

Can you read a car number plate at fifty metres?

(8) 处于……状态。

I think Mr Harris is at lunch.

(9) （用于速度、比率等）以，达。

He was driving at 70 mph.

(10) 处于最佳（或最差等）状态；在全盛（或谷底等）时期。

The garden is at its most beautiful in June.

(11) （与形容词连用，表示状况）在……方面。

I'm good at French.

(12) （与形容词连用）因为，由于，对……

She was delighted at the result.

(13) 应……而；响应；回答。

They attended the dinner at the chairman's invitation.

(14) 提供电话号码时使用。

You can reach me at 637－2335，extension 354.

(15) 用于表示电子邮箱地址中的符号@。

正如上文所说，我们看到，at 的大部分义项表示射体和界标点的接触，接触面比 on 要少。如义项（1）中整条街道很长，但是角落只占据一个点。义项（2）中的学习和工作地点，"地点"这个词就表明了点的性质。义项（3）的时间点，在时间的坐标轴上，一个时间点即为一个点。义项（4）中，我们可以把人的一生看作一条直线，每个年龄都是这条直线上的一个点。义项（5）中，她是枪的目标，目标就是一个点状物。义项（6）中，他的手与绳子相交于一点，因此二者接触于一点。义项（7）中，利用 50 米这个距离限制了地点，50 米以外的地方就是目标点。义项（8）中，我们可以将人的一天理解为一条直线，午饭也是这条直线上的一个点。义项（9）中，当汽车的时速到达 70 英里

第五章 基于认知语言学的英语介词教学

时，汽车仪表盘的指针指向 70 这个点。义项（10）中，事物发展至鼎盛时期时，就如同处于抛物线的最顶端，抛物线的最顶端也是一个点。义项（11），我们所做的事情有许多，每件事情类似一条绳子上的一个结，一个结代表一个事件或者工作，每个结也可以抽象为一个点。义项（12）中，她的情绪在触碰到这个事件结果的那刻，就高兴了起来，结果与情绪接触到某一点上。义项（13）更为抽象，他们与晚宴的连接点在主席的邀请上。义项（14）中，电话号码的情况 at 与 on 的用法类似，均表示射体与界标的接触，与别人取得联系的纽带便是电话号码。义项（15）的电子邮箱用法与电话号码一致。

基于射体和界标的接触为点，at 的意象图式如图 5-3-12 所示。

图 5-3-12　at 的意象图式

at 的意象图式相对简单易懂，情况单一，学习者较容易掌握。另外，学习者在选用介词的时候，如果遇到射体和界标是点状接触的情况，那么就可以考虑使用介词 at 了。

（六）介词 through 的意象图式

介词 through 表示的基本含义是射体由界标外部进入界标，再通过界标内部到界标外部的过程。through 做介词时的意义相对简单，大体有如下几个义项：

（1）从……一端至另一端；穿过；贯穿。

The burglar got in through the window.

（2）透过……看到；隔着……听到。

I couldn't hear their conversation through the wall.

（3）自始至终；从头到尾。

The children are too young to sit through a concert.

(4) 通过（障碍、阶段或测试）；穿过。

First I have to get through the exams.

Go through the gate, and you'll see the house on your left.

(5) 直至，一直到（所指时间包括在内）。

We'll be in New York Tuesday through Friday.

(6) 以；凭借；因为；由于。

You can only achieve success through hard work.

介词 through 的义项中，射体的运动既可能被包含在界标之内，也有可能部分被包含于界标之内。从射体位于界标内这个意义上说，through 和 in 的意象图式有相似之处。不同之处在于，in 一般表示的是静态的位置关系，而 through 表示的是动态关系。

在我们上面提及的 through 的典型含义中，界标被射体穿过，射体被视为一维的点状物，界标是有界限的实体，因此界标可能是多维的。界标除了是具体的实体，如门、窗户等，也有可能是时间概念，时间有起点和终点，时间也有界限。除此以外，界标还有可能是困难、障碍、考试等抽象概念，我们可以通过隐喻扩展把这些抽象概念理解为有界限的实体。因此，through 的意象图式可以理解为路径图式和容器图式的叠加，如图 5-3-13 所示。

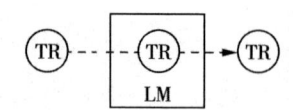

图 5-3-13 through 的意象图式

通过分析，上述 through 义项中的 (1)、(2)、(4)、(6) 都可以用上述意象图式表示，通过意象图式我们可以看出，界标只包含了射体的一部分运动轨迹，射体在进入界标之前和通过界标之后都还有运动轨迹。界标是射体运动过程中的障碍，最终射体会冲破障碍，维持运动的状态。界标的界限先后两次被射体穿越，这是上述意象图式的核心特征。射体在界标中的具体运动路径往往不受关注，仅仅关注起点、终点，两点之间的路径往往被抽象为一条直线。事实上也是如此，射体一般是从界标的一侧移动到界标的另一侧，起点和终点一般在一条水平线上，其运动轨迹往往是一条直线。如义项（1）中，盗贼穿过窗户，盗贼从窗户外边进入到窗户里边，窗户外边和窗户里面是射体穿越的两个界限，是处于同一水平线上的两个点。义项（2）中，声音从墙的一边传到墙的另一边，完全穿透墙壁。墙壁两边的两个点连成一条直线。义项（4）中，穿过大门，从门的外面进入到门的里面，也是完全穿过了门这个实体，门外和门内两点在一条水平直线上。义项（4）中，"通过测试、障碍"等和义项（6）"以；凭借；因为；由于"均是抽象概念。义项（4）中，我们可以把障碍、测试、困难等理解为实体，通过测试、克服困难的起点都是从未开始测试、未接触困难开始，继而进行测试、解决困难，最后的终点是完成了测试、克服了困难，因此，终点在测试、困难之外。这一系列行为也可以用上述意象图式表示，起点、终点、过程三者形成了行为的路径。义项（6）中的成功相当于路径的终点，努力工作相当于界标，在穿过努力工作这个界标后，就能到达成功这个终点。

义项（3）、5 的意象图式与其他义项略有不同。在这两种情况中，最终射体没有穿透界标，而是停留在界标的内部。至于射体的起点，义项（3）和义项（5）也存在不同之处，义项（3）射体的起点也在界标内部，义项（5）射体运动的起点在界标外部。义项（3）的意象图式如图 5-3-14 所示。

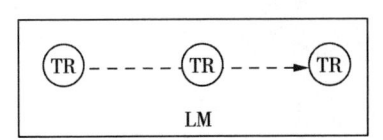

图 5-3-14 through 的意象图式

通过意象图式可以看出义项（3）中射体的起点和终点都在界标内部，射体没有穿越界标。除具体的实体外，界标也可以是时间以及抽象概念，不管是具体的实体，还是抽象的概念，射体的运动在时间上具有连续性，期间不能出现中断。射体在界标中的状态或者射体与界标的关系会伴随着时间的流逝而变化。如义项（3）中，在音乐会的进行过程中，人的心态肯定不是一成不变的，其心情会随着音乐的演奏而发生起伏。

与义项（3）不同的是，义项（5）中射体的起点在界标外部，射体首先从界标外部穿越界标的界限进入界标，也没有穿越界标的另一个界限，同样停留在界标的内部。义项（5）的意象图式如图5-3-15所示。

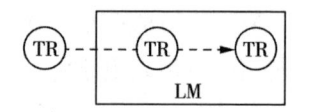

图5-3-15　through的意象图式

义项（5）的例句中，我们从星期二到星期五一直待在纽约。星期五是状态的终点，从星期二到星期五构成了时间轴的一部分。星期二之前还有星期一，星期五以后还有星期六和星期日，我们所讨论的时间只包含时间轴中的某一部分，其余时间没有凸显，作为背景对其进行了虚化处理。义项（5）的大多数情况是表示时间，和视线路径概念化相似，时间的路径也往往被概念化为一条直线轨迹。与through典型意象图式不同的是，义项（5）和义项（3）的意象图式的路径具有不可逆性。through的典型意象图式中，我们既可以从门的里面到外面，也可以从门的外面到里面；我们既可以从窗户的这边去那边，也可以从窗户的那边来这边，路径的方向都是可逆的。但是时间是一个特殊的概念，它具有单向性，时间只能是从过去到现在，从现在到未来，不可能呈现相反的方向。用义项（5）的意象图式表达的其他抽象概念也具有与时间相似的属性，它们必须遵循时间的单向性以及抽象概念的单向性。

以上是我们用意象图式对through的理解，尽管through的义项看似简单，但是经过认真分析，我们归纳出三个意象图式，并分析了它们之间的异同，希望借助上述三种意象图式可以更好地指导我们对介词through的教学。

（七）介词from的意象图式

我们首先了解from的义项：

(1)（表示起始点）从……起，始于。

She began to walk away from him.

(2)（表示开始的时间）从……开始。

We're open from 8 to 7 every day.

(3)（表示由某人发出或给出）寄自，得自。

a letter from my brother

(4)（表示来源）来自，源于，出自，从……来。

I'm from China.

(5)（表示所用的原料）由……制成。

Steel is made from iron.

(6)（表示两地的距离）离。

100 metres from the scene of the accident

(7)（表示位置或观点）从。

You can see the island from here.

(8)（表示幅度或范围）从……到。

The temperature varies from 30 degrees to minus 20.

(9)（表示改变前的状态或形式）从……到。

Things have gone from bad to worse.

(10) 表示分离或去除。

The party was ousted from power after eighteen years.

(11)（表示防止）使免遭，使免受。

She saved him from drowning.

(12)（表示原因）由于，因为。

She felt sick from tiredness.

(13)（表示进行判断的原因）根据，从……来看。

You can tell a lot about a person from their handwriting.

(14)（区别二者时用）与……不同。

I can't tell one twin from the other.

　　from 的基本含义也有静态的空间关系和动态的空间关系两种。动态的空间关系表示某人或事物的来源或出发地；静态的空间关系表示两个物体之间的距离。比如在 from 的上述义项中，义项（1）就表示一种动态关系，可以用路径意象图式来表示。she 是射体，him 是界标，she 的初始状态是与 him 在一起。She began to walk from him 这句话中，she 距离 him 的距离越来越远。因此，from 的动态空间关系如图 5-3-16 所示。

(TR)←——LM

图 5-3-16　from 的动态意象图式

　　义项（3）、4 与义项（1）的使用方法相似，义项（7）、10、11 是由义项（1）的空间领域扩展到了抽象领域，义项（7）的例句中，"here" 是界标，眼睛的视线是射体。眼睛的视线从界标 "here" 运动到了 "island"，在 "here" 和 "island" 之间形成一条隐形的线性路径，这是我们对视觉路径的一种概念化。在义项（10）的例句中，"party" 是射体，"power" 是界标，"party" 的路径由 "power" 开始，渐行渐远。义项（11）中的例句中，"him" 是运动的射体，界标为 "drowning"，射体以界标作为出发点，与界标的距离也越来越远。

　　义项（2）从空间位置延伸到了时间领域，时间的起始点和结束点类似路径的起点和终点，义项（8）与义项（2）相仿。义项（5）则是从空间领域扩展到物质的形态，物体的起始状态是 "iron"，最终状态是 "steel"，两种状态之间的过渡过程相当于路径。义项（9）与义项（12）从空间概念过渡到了抽象概念，这个时候用上面的意象图式也能帮助学习者非常清楚地了解抽象含义。比如义项（9）中的例句，在 Things have gone from bad to worse 这句话中，我们可以用路径图式来帮助理解。射体是 "things"，"bad" 是界标，也是路径的起点，"worse" 是路径的终点。与此类似，义项（12）

中，She felt sick from tiredness 这句话中，"tiredness"是射体，"felt sick"是界标，路径的起点是"tiredness"，终点是"sick"。义项（14）也有相似的意象图式，起始点为"the other"，终点为"one twin"，与义项（9）和12相比，抽象度更高。

义项（6）、13中射体没有发生位移，是一种静态的相对距离。如义项（6）中 from 表示的是与"scene of the accident"的相对距离，中间没有任何运动的发生。静态的 from 意象如图 5-3-17 所示。

TR　　LM

图 5-3-17　from 的静态意象图式

from 的意象图式也主要分为动态和静态两种状态。在这两种状态中，除了具体的空间概念外，还延伸到时间概念和抽象概念等。利用意象图式可以具体形象地理解其基本含义，也可以加深对延伸意义的理解，有效改善 from 的习得状况。同理，在选用介词的时候，如果所表达的是人或事物的来源或出发地。其中的关系符合上面两种图式，我们便可以选用介词 from。

(八) 介词 to 的意象图式

介词 to 表示的是射体以界标为目的地的运动，表示人或者事物之间的关系。首先，我们了解 to 的各个义项：

(1) 向，朝，往，对着（某方向或某处）。

I walk to the office.

(2) 位于……方向。

There are mountains to the north.

(3) 到，达（某处）。

The meadows lead down to the river.

(4) 到，达（某种状态）。

He tore the letter to pieces.

（5）（表示范围或一段时间的结尾或界限）到，至。

We only work from Monday to Friday.

（6）在……开始之前；离；差。

It's five to ten.

（7）（引出接受者）给，予，向。

I'll explain to you where everything goes.

（8）（引出受事者或受体）对于，关于。

She is devoted to her family.

（9）表示两件事物相接或相连。

Attach this rope to the front of the car.

（10）（表示两人或事物之间的关系）属于，归于，关于，对于。

This is the key to the door.

（11）指向；关于。

She made a reference to her current book.

（12）（引出比较或比率的第二部分）比。

We won by six goals to three.

（13）（表示数量或比率）等于，每，一。

This car does 30 miles to the gallon.

（14）向……表示敬意。

a monument to the soldiers who died in the war

（15）伴随；随同。

He left the stage to prolonged applause.

（16）（用于表示动作的动词之后）为了给，以提供。

People rushed to her rescue and picked her up.

（17）（表示态度或反应）适合，符合，致使。

To her astonishment, he smiled.

(18)（表示看法或感觉）按……的看法，据……认为。

It sounded like crying to me.

介词 to 所表达的射体与界标间的关系也有动态与静态之分。to 的典型含义是"向着或朝着某个事物或方向走去"，它表达的是一种动态关系，展现的是路径意象图式。这个典型义项如图 5-3-18 所示。

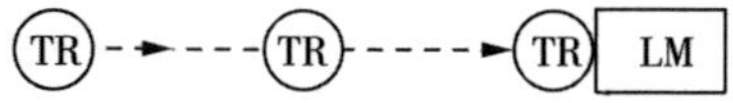

(TR)- - - -(TR)- - - - ▸(TR) | LM |

图 5-3-18 to 的动态意象图式

如义项（1）中的"我"是射体，界标是"办公室"，射体"我"沿着路径向界标靠近，并最终到达"办公室"这个界标。空间域可以映射到时间域，表示空间的语义转换成表示时间的语义。

在时间方面，表示的意义与空间域一样。表示射体时间向界标时间不断靠近，如义项（6）中，to 表示距离"十点"还有"五分钟"，时间还没有到达"十点"，而是慢慢向"十点"靠近。义项（5）也是表示时间，时间从"周一"开始向"周五"移动，并最终到达"周五"。

空间语义映射到数值便是义项（12）和义项（13）的情况。在义项（12）中，射体是"六个球"，界标是"三个球"。射体和界标都是数值，两者的比率就是 to 所表示的意义。义项（13）中，射体是"三十英里"，界标是射体所对应的最大值"一加仑"。

to 表示向着某个事物或方向移动，它也可以表示到某个具体的位置或部位、到达某件事情、某种状态等，或者表达某种逻辑关系。由 to 表示的空间状态映射到了抽象概念。如义项（4）、（7）、（8）、（11）、（14）、（16）、（17）、（18）。义项（4）中的"信件"是射体，"碎片"是界标，"信件"从原本状态向"碎片"状态靠近并到达，这和 to 的意象图式相一致。义项（7）中由 to 引出解释的对象，例句中，"我的解释"是射体，"你"是界标，射体由"我"发出，到达界标"你"。义项（8）中，射体是"她的奉献"，射体由"她"作为起点，终点是"她的家庭"。义项（11）中，射体是"提及"，界标是"她最近的那本书"。义项

(14) 中的"纪念碑代表的尊敬"是射体,"士兵"是界标。义项 (15) 是一个比较特殊的例子。它表示一个伴随的动作,我们可以把"经久不息的掌声"看作界标,射体是"他"。义项 (16)、17、18 表示的都是一种关系。义项 (16) 中的射体是"人们",界标是"她"。义项 (17) 中,"他笑了"这个事实是射体,界标是"她"。义项 (18) 中,"哭泣"是射体,"我"是界标。

除了可以表示动态的关系之外,介词 to 也可以表示静态关系。如义项 (2) 中,射体"山"并没有运动,表达的是一种相对位置。义项 (10) 表示的是一种逻辑关系,例句中的射体"钥匙"移动的路径为零,所表示的是一种静态的所属关系。to 的静态意象图式如图 5-3-19 所示。

TR   LM

图 5-3-19 to 的静态意象图式

由以上分析我们知道,to 有动态语义和静态语义两种,除了最基本的空间关系外,还可以表示时间、数值、状态、对象等抽象概念,使语义得到扩展和延伸,为英语学习者深入理解介词 to 提供了帮助。

(九) 介词 with 的意象图式

with 的基本含义是"与某人(或某物)在一起",它的基本义项如下:

(1) 和……在一起;和;同;跟。

She lives with her parents.

(2) 有;具有;带有。

a girl with (= who has) red hair

(3) 用;使用;以;借。

I cut it with a knife.

(4) 表示以某物填充、覆盖等。

The bag was stuffed with dirty clothes.

(5) 与……对立;反对。

I had an argument with my boss.

(6) 关于；对于；对……来说。

Are you pleased with the result?

(7) 涉及一事与另一事的关系。

It's much easier compared with last time.

(8) 包括；还有。

The meal with wine came to ＄20 each.

(9) 表示行为方式。

He behaved with great dignity.

(10) 因为；由于；作为……的结果。

She blushed with embarrassment.

(11) 由于；随着。

The shadow lengthened with the approach of sunset.

(12) 与……方向一致；顺着。

Marine mammals generally swim with the current.

(13) 持有；由……负责。

The keys are with reception.

(14) 为……工作；受雇于；利用……的服务。

She acted with a touring company for three years.

(15) 表示分离。

I could never part with this ring.

(16) 虽然；尽管。

With all her faults I still love her.

(17) 用于感叹。

Off to bed with you!

with 表示的是一种静态关系，它的意象图式如图 5-3-20 所示。

TR　　LM

图 5-3-20　with 的静态意象图式

通过上面的意象图式，我们可以看出，射体是随着界标而存在的，射体的路径为零。如义项（1）中，"她"是射体，"父母"是界标，射体与界标是一种伴随存在的关系，射体和界标两者之间的相对路径为零。除了表示"在一起"的概念，with 还可以表示射体和界标的移动方向相同或者射体和界标分离。如义项（12）中，"海洋哺乳生物"是射体，"水流"是界标，射体跟随着界标移动，两者方向一致。虽然射体和界标都是运动状态，但是射体和界标之间的相对位移是零，它们也是相对静止的空间关系。义项（15）中，"我"是射体，"戒指"是界标，虽然表示分离，但是射体的路径为零，它和界标也是伴随存在的关系。

与其他介词一样，with 的使用也不仅局限于空间领域，它也拓展至时间领域、抽象领域，可以表示事物之间的状态、逻辑关系、方式等。

with 在时间领域也是一种伴随存在的关系，如义项（11）中，"影子"是射体，"日落"是界标，二者的关系和义项（12）中"海洋哺乳生物"和"水流"的关系相似。"影子"的变化与"日落"有关联，"影子"的长短根据"日落"而变化。

义项（8）中，"这顿饭"是射体，"酒"是界标。"这顿饭"的花费以"酒"作为参照点，"这顿饭"处于主导地位，"酒"处于从属位置，with 表示两者之间的逻辑关系。义项（14）的例句中，"她"是射体，"旅游公司"是界标，表示的逻辑关系是"她"从属于"旅游公司"，"她"的工作依附于"旅游公司"，二者之间伴随存在。

义项（10）中，"她"是射体，"尴尬"是界标。它所表示的是一种逻辑关系，"她脸红"和"尴尬"也是一种伴随存在的关系，"脸红"是随着"尴尬"而产生的，如果没有"尴尬"，也就没有"脸红"，二者相互依存、共同存在。

义项（16）中，"我"是射体，"她的缺点"是界标，两者所表达的是转折关系。义项（7）中，"这次"是射体，"上次"是界标，界标是射体的参照物，没有"上次"做对比，便显示不出"这次"的"更容易"，因此，两者所表示的逻辑关系也是相互伴随的。

　　with 还可以表示事物动作的对象。例如义项（13）中，"钥匙"是射体，"服务台"是界标，"服务台"是动作的对象。"钥匙"以"服务台"作为参照点，它归"服务台"负责，与"服务台"形成了伴随存在的关系。义项（5）中，"我"是射体，"老板"是界标，"我"争论的对象是"老板"，介词引出动作的对象。如果没有"老板"，便没有争论可言，因此射体和界标是伴随在一起存在的。义项（6）的例子中，"你"是射体，"结果"是界标。"结果"是"你"开心的对象，由介词 with 引出，"你"是因为"结果"而感到开心，二者伴随存在。

　　在状态方面，with 表示事物和事物的某种状态伴随存在。如义项（2）中的例句，"女孩"是射体，"红头发"是界标。界标是射体的一种状态，界标是射体的参照物，只有有了"女孩"，才能有"红头发"，"红头发"与"女孩"也是伴随存在的关系。义项（17）的例句中，"在床上"是人物的状态，"床"的上面是人，人的下面是"床"，二者在一起是相互伴随的关系。

　　介词 with 也可以表示做某件事情的方式。义项（3）中的例句，"我"是射体，界标是"刀子"，"刀子"是"我"切苹果用的工具。如果没有射体"我"，"刀子"便不可能自己把苹果切开；如果没有界标"刀子"，"我"也不能把苹果切开。"我"和"刀子"也是伴随存在的关系。义项（9）的例句中，射体是"他"，界标是"尊严"，"尊严"描述的是射体"他"的行为方式。"他"的一举一动都显示出"尊严"，"尊严"依附于"他"的行为而存在，同样，两者之间也是伴随存在的关系。

　　通过以上分析，我们可以看出介词 with 的基本意象图式表示射体和界标在一起，基本含义表示的是空间关系，通过空间关系可以映射到状态、方式、逻辑关系、对象等抽象概念。抽象概念的意象图式表示的也都是射体和界标伴随存在的关系。因此，我们在教授和学习介词 with 时，不管是空间状态，还是抽象概念，如果射体和界标是伴随存在或者一起运动、相对静止的关系，那么都可以使用介词 with。

（十）介词 by 的意象图式

by 和许多介词一样，由于搭配的动词不同而呈现出静态和动态两种状态。《牛津高阶英汉双解词典》中 by 的义项如下：

（1）靠近；在……旁边。

The telephone is by the window.

（2）常置于表示被动的动词后，表示使为者。

He was knocked down by a bus.

（3）表示方式。

I want to travel by sea.

（4）（置于不带 the 的名词前，表示原因）由于。

They met by chance.

（5）不迟于；在……之前。

I'll have the work done by tomorrow.

（6）经过。

He walked by me without speaking.

（7）在……期间；处于某种状况。

We had to work by candlelight.

（8）表示程度、数量。

House prices went up by 10%.

（9）从……看；依；按照。

By my watch it is two o'clock.

（10）表示触及或抓住的人或物的部分。

I took him by the hand.

(11) 与 the 连用，表示时间或度量单位。

We rented the car by the day.

(12) 表示速率。

They are improving day by day.

(13) 补充有关出生地、职业等信息。

They are both doctors by profession.

(14)（起誓时用）以……的名义。

I swear by Almighty God.

(15) 表示尺寸时用。

The room measures fifteen feet by twenty feet.

(16) 用于乘除运算。

6 divided by 2 equals 3.

介词 by 表示静止状态的基本含义是"在……旁边；靠近"，如图 5-3-21 所示。

TR   LM

图 5-3-21 by 的静态意象图式

至此我们发现，此意象图式和介词 from、with、to 的静态意象图式相似，但是每个介词意象图式的侧重点不同。介词 from 表示射体的来源或出处，介词 to 重点强调的是方位关系，介词 with 侧重射体和界标伴随存在的状态，射体和界标存在某种联系。by 表示射体和界标处于相对静止的状态，by 的静态意象图式中射体的路径为零。义项（1）的例句中，射体"电话"在界标"窗户"旁边，它们之间相对静止，射体的路径是零。义项（5）也是表示静态关系，与义项（1）中的"在……旁边"相似，义项（5）中射体靠近的不是义项（1）中的事物，而是某个时间，因此表示"在某个时间旁边，不迟于某个时间"。义项（5）的例句中，射体是"工作"，界标是"明天"，界标"明天"是射体"工作"的参照点。射体在界标旁边,射体与界标可以无限靠近,但是射体不会超越界标。与其他介词一样,介词 by 也可以用来表示数值,这种情况中的 by 表示的也是一种静态关系。与义项(1)的"靠近某事物"和义项(5)的"靠近某时间"一样,在表示数值时,by 表示"接近某个数值"。如义项(11)中的例句,"我们"是射体,"天"是界标,"我们"租车的参考时间是"天"。在数值方面,by 还可以表示程度、数量、尺寸、运算等。如义项(8)、12、15、16 均与数量有关,分别表示程度和数量、速率、物体的大小尺寸、乘除运算。

介词 by 的动态图式的典型含义为"经过某人或某物",在这种情况下,射体在运动过程中经过界标,如图 5-3-22 所示。

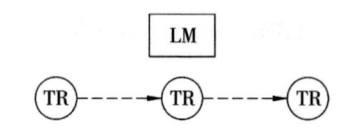

图 5-3-22　by 的动态意象图式

上述意象图式和介词 through 的意象图式相似,不同之处在于介词 through 的意象图式中,射体经过的是界标内部。在 by 的意象图式中,射体在界标外部或旁边经过界标。表示动态含义的有义项(6),在义项(6)的例句中,射体是"他",界标是"我","他"在"我"的身旁经过"我",两者在同一动态关系中。

与义项(6)类似,by 也可以表示方式。义项(3)的例句中,"我"是射体,"海"是界标,"我"在运动过程中要经过界标"海",用介词 by 表示运动的方式。义项(4)中,"我们"相遇的方式是"偶然",也是用介词 by 表示方式。

介词 by 也可以表示动作的对象,如义项(2)中的"他"是射体,"公交车"是界标,介词 by 引出撞"他"的对象。义项(9)中,时间"两点钟"的参照对象是"我的表"。义项(10)中,"我"拉着"他"的什么部位,也是通过介词 by 引导出来的对象"手"。义项(14)中,"我发誓"的对象是"上帝"。由此可见,这几个义项我们都可以用上述动态意象图式表示。

通过上述分析可知,by 有静态和动态两种意象图式。静态的意象图式表示射体在界标旁边,路径为零。动态的意象图式表示射体经过界标,发生了位移,路径不为零。除了空间域外,by 也用来指时间、关系、状态、对象等抽象关系。不管是具体的空间关系,还是抽象的概念,我们都可以用上述两个意象图式来帮助学生理解其含义。基于意象图式的介词理解起来更形象直观,使学生对介词的学习容易许多。同理,反向的学习也变得简单许多,学生在介词的选择方面也会大大提高准确率和效率。

(十一)介词 under 的意象图式

介词 under 的基本含义表示"在下方"。《牛津高阶英汉双解词典》中 under 的义项如下:

(1) 在(或到、通过)……下面。
The dog was under the bed.

(2) 在……表面下;由……覆盖着。
The boat lay under several feet of water.

(3) 少于;小于;不足;比……年轻。
Nobody under 18 is allowed to buy alcohol.

(4) 由……控制(或管理、经营)。
She has a staff of 19 working under her.

(5) 根据,按照(协议、法律或制度)。
Is the television still under guarantee?

(6) 在……过程中。
The hotel is still under construction.

(7) 由……造成;受……影响。
The wall collapsed under the strain.

(8) 用，以（某一名字）。

She also writes under the pseudonym of Barbara Vine.

(9) 在……项下；在（书等中的）某部分。

If it is not under "sports", try looking under "games".

介词 under 的典型含义是"在……下面"，表示的是一种静态的关系，如图 5-3-23 所示。

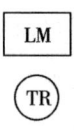

图 5-3-23　under 的静态意象图式

义项（1）是这一意象图式的典型义项，在义项（1）中，"狗"是射体，"床"是界标，"狗"位于"床"的下方，没有运动，路径为零。义项（2）中的例子也是如此，"船"是射体，"水"是界标，"船"静止地处于"水"表面下方几英尺处。

义项（3）从空间域映射到数值，在数量上低于某个数值，即位于"下方"。在年龄上不到 18 岁都处于 18 岁的下方。

与其他介词一样，介词 under 在空间域的用法有限，大部分用法是通过空间域映射到关系、状态等抽象概念领域。如在表示关系方面，如果射体受界标控制或领导，那么射体在地位上自然低于界标。如义项（4）的例句中，"员工"是射体，"她"是界标，"她"领导 19 个"员工"，在地位上高于"员工"，在意象图式中，"她"位于"员工"上方。同理，义项（5）中，在法律或者协议方面，受某条协议或者法律的约束，那么相应的法律或协议就是界标，是射体活动的参考，射体的活动不能超越界标，要在界标之下。义项（9）中，"属于某个项目，在某个项目下"与义项（5）相似，射体在界标项下，说明射体属于界标，也用上述意象图式表示。义项（8）中，"她"是射体，界标是"她的笔名"，"她"的作品都是在"她的笔名"之下。

义项（6）同样是抽象概念领域，与上述几个义项不同的是，义项（6）所表示的是一种动态关系。"旅馆"的建设是一个动态的过程,如图 5-3-24 所示。

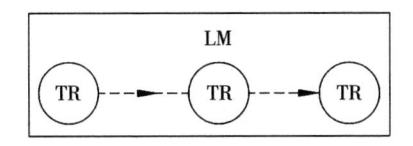

图 5-3-24　under 的动态意象图式

义项（7）与义项（6）的情况类似,表示的也是一种动态过程。射体是"墙",界标是"压力","墙"在"压力"的作用下运动。两者的不同点在于,义项（6）中,射体"旅馆"的运动路径是平行的,义项（7）中,射体"墙"的运动路径是垂直的。

介词 under 与我们最开始讨论的 down 有较大的相似之处,但是通过比较两者的意象图式,我们能发现两者之间有所区别。首先,介词 down 侧重射体的动态性,而 under 更侧重射体与界标的静态关系。其次,在 under 的意象图式中,射体自始至终都位于界标的下方。而在 down 的意象图式中,运动的射体的起点往往在界标之上,有的时候,终点也在界标之上。通过意象图式,不仅可以帮学生更好掌握 under 的意义,而且可以有效帮我们区分相近介词,避免介词的混淆。

（十二）介词 beyond 的意象图式

介词 beyond 的基本义项如下：

（1）在（或向）……较远的一边。

The road continues beyond the village up into the hills.

（2）晚于；迟于。

It won't go on beyond midnight.

（3）超出；除……之外。

Our success was far beyond what we thought possible.

She's got nothing beyond her state pension.

（4）表示不可能。

The bicycle was beyond repair.

（5）超出……之外；非……所能及。

The exercises was beyond the abilities of most of the class.

义项（1）是 beyond 的核心义项，表示的是空间关系，空间域是人类认识的基本经验域。意象图式是以我们身体的空间物理体验为基础。beyond 的意象图式如图 5-3-25 所示。

```
┌─────┐      ┌─────┐
│ LM  │      │ TR  │
└─────┘      └─────┘
```

图 5-3-25　beyond 的意象图式

在义项（1）中，"路"是射体，"村庄"是界标，射体与界标不接触，并且两者之间有一定距离，射体的路径为零，主要表示的是静态关系。

从空间到时间的映射是最常见的。与空间类似，在时间方面，beyond 表示射体时间在界标时间之外，超过了界标的时间界限。如义项（2）中，界标时间是"午夜"，射体时间超过界标的时间界限。beyond 也可以表示能力，在能力方面指的是射体在界标的能力范围之外，具有否定的含义。例如义项（4）中，射体是"自行车"，界标是"修理"，射体在界标的能力范围之外，即"修理不了自行车"。例如义项（5）中，射体"练习"在界标"大多数学生"的能力之外，表示超出了"大多数学生"的能力。beyond 也可以映射在抽象概念域中，在抽象概念方面表示射体对界标的关系是超越或者覆盖，具有"除……之外"的含义。义项（3）就是一个典型的例子，在义项（3）中，第一个例句表达抽象的"超出"的含义，射体是"成功"，界标是"我们的估计范围"。第二个例句表达的是"除……之外"的含义，界标是"养老金"，是射体的参照对象。

介词 beyond 表达的"超越"含义不仅指空间，还可以用来表示时间、能力、关系以及其他抽象概念上的"超越"，但都离不开"超越"的核心义项。

beyond 以空间的意象图式为原型,通过隐喻延伸至其他概念域,通过意象图式也可以直观形象地了解抽象域的概念。

三、复合介词的意象图式

英语中复合介词的意象图式一般表现为动态关系,与单个介词相比,更具有动态意义,表达更形象。复合介词的构成比单个介词更丰富,这赋予了意义的多层次性。

以复合介词 upon 为例,虽然 upon 可以用介词 on 来代替,但是 upon 的意象图式比 on 的意象图式更立体,表现为一种动态关系。我们看下面几个例子:

(1) The door on the left, upon entering the church, leads to the Crypt of St. Issac.

(2) Row upon row of women surged forwards.

(3) The long-threatened storm was upon us.

在句(1)中,射体一步步向界标"教堂"靠近;句(2)中,射体"妇女""向前涌去",距离界标越来越近;句(3)中,射体"暴风雨""即将来临",也是一个由远及近的过程。

在上述三个例子中,upon 表示的都是动态关系。射体的初始位置与界标之间有一段距离,射体通过移动逐渐向界标靠近,动态的意象图式跃然纸上。在英语表达中,动态过程使用复合介词更符合人类的认知。

四、双介词的意象图式

复合介词是一个整体,代表一个介词。与复合介词不同的是,双介词中的两个介词是彼此独立的,但两者也有紧密联系。双介词表示的是空间关系,两个介词所在的维度不同,需要借助两个不同空间的介词表达。我们可以借助意象图式来理解双介词的意义。双介词的意象图式一般是前一个介词基于后一个介词及其宾语为界标的模式,我们通过几个例子加以说明。

(1) A light appeared from behind the tree.

(2) Many people get water from under the ground.

(3) I have look for it everywhere except in the bedroom.

在句(1)中,behind the tree 中介词 behind 表示的是第一重意象图式,在此基础上,介词 from 基于 behind the tree 构建第二重意象图式;句(2)中,the ground 与 under the ground 相比,在意义和意象图式上有明显的不同,在介词 under 的基础上构建介词 from 的意象图式;同理,句(3)中,bedroom 的范围较大,通过介词 in 进行限定,介词 except 以 in the bedroom 为界标构建意象图式。

通过对上述三个例子的分析,我们能够发现,双介词主要用于空间关系,对于复杂的空间关系,用双介词更加合理。

五、意象图式对于介词教学的启发

(一) 强调意象图式的理据性

认知语言学认为,语言不是任意的,而是具有理据性。意象图式是人类基于自己与外界的体验而形成的。介词的意象图式也不是任意的,是我们在长期的语言使用过程中归纳总结的。意象图式很好地反映了介词的含义及其用法,虽然大部分学生之前没有接触过意象图式,但是基于意象图式的教学方法能很快引起学生的共鸣,因为这种认知方法符合人类的认知规律。意象图式这个新概念和我们之前的经验不谋而合,从而可以使学生很快接受并掌握,继而将其运用于英语介词学习中。

(二) 传统与直观相结合

我们在提倡认知语言学教学方法的同时,也不能完全摒弃传统教学方法。

认知语言学的意象图式方法有它的先进之处,可以展现介词教学全新的一面,但传统教学方法也有认知语言学所没有的优势,我们不能盲目否认传统教学方法。每个意象图式里有多个义项,我们可以先向学生展示介词的核心义项和典型的意象图式,在对典型意象图式详细解释的基础上,再展示各个义项间的相似之处,帮助学生开展联想记忆,在这个过程中,我们还可以画出每个介词的语义网络图。学生以意象图式为基础,可以更深刻地理解介词的意义,同时,也可以形象地理解介词所表达的抽象概念。直观图形和抽象讲解相结合,无疑比单一的传统教学方法更有效果。

(三) 强化意象图式

对于学生而言,意象图式是一个新鲜事物,虽然意象图式比较直观具体,但是学生要完全掌握意象图式理论也不是一件易事。与语言学习的其他方面一样,只有经过不断的练习和使用,才能让学生深刻理解意象图式理论并学以致用。所以,在每介绍完一个介词意象图式后,在保证学生理解的基础上,教师应该及时巩固学习效果。教师可以引导学生自己推导介词的每个意象图式,并鼓励学生举出更多符合每个意象图式的例句。在此项练习达到较好效果的基础上,教师可以给出更高水平的练习。比如,教师可以把容易混淆的几个介词放在一起考查学生的掌握能力,让学生通过比较知晓几个介词之间的异同,这样,学生在输出过程中,也可以正确选用合适的介词。在这些强化练习之后,教师再引导学生举一反三,对介词的一些变式可以在典型意象图式的基础上自己做出相应的变化与调整。

(四) 注重隐喻、转喻能力的培养

介词典型的意象图式基本与空间有关,而介词的诸多义项中,除了空间域的义项外,还涉及数值、方向、状态、方式、对象等许多抽象概念。要在意象图式的基础上理解这些义项,学生要有隐喻、转喻思维能力,这样才能顺利实

现语义扩展。在日常的教学过程中，教师要有意引导学生进行隐喻、转喻思维的培养和锻炼。除了在介词方面，在英语学习的其他方面，隐喻及转喻思维能力也是必不可少的。有了较强的隐喻及转喻思维能力，学生在介词学习上可以触类旁通，其他方面的学习亦可以举一反三。

用意象图式来为介词教学提供指导，是对传统介词教学的有益补充。在传统的介词教学课堂中，基本模式是教师逐条列举介词的用法，学生机械记笔记，学生学习介词的积极性普遍不高，课堂气氛不活跃。以认知语言学为指导，我们借助意象图式，一方面可以吸引学生的注意力，激发学生学习介词的兴趣，课堂气氛活跃；另一方面有助于学生理解介词的含义，我们把介词众多义项分类整理之后，复杂的介词义项变得清晰。意象图式除了可以向学生传输语言，还可以丰富视觉体验。基于认知语言学意象图式的介词教学不仅可以让学生快速习得介词含义，而且有助于学生介词的长时记忆。在英语介词教学中，透彻分析各种介词的意象图式，同时，结合词典和语料库，可以更好解决传统教学中介词解释不足的问题，更好促进学生对介词的解读和应用能力，全面提高学生英语学习的兴趣和效率。

第四节 原型范畴理论与介词

从认知语言学来看，范畴化是人类一种基本的认知活动。在范畴中，有些成员的身份要更明显，这便是核心成员。核心成员通过家族相似性不断扩展。原型范畴理论认为，介词也有一个原型意义，原型义项是语义网络中最具代表性的中心成员，原型义项是人们最先获得、最易习得的义项。认知语言学家注重介词各个义项之间的关联性，认为每个介词都有属于自己的典型意象图式，这就是介词的原型义项。介词以原型义项为原点，根据意象图式，运用隐喻、转喻，利用义项的家族相似性不断向外扩展，形成了语义网络。

语言学家科雷亚·本宁菲尔德在1988年首次用原型范畴理论研究介词。

第五章 基于认知语言学的英语介词教学

他的研究对象是以西班牙语为母语的学习者，把英语中比较典型的介词 in、on、at、over 和西班牙语的介词进行对比，重点研究了空间范畴的典型性以及母语对二语学习的迁移。实验表明，基于原型范畴理论的介词学习可以帮助学习者对重点义项一目了然，首先习得最重要的原型义项，再以原型义项为中心辐射至边缘义项，极大提高了学习效率。另外，当西班牙语介词与英语介词具有相似点时，会产生学习上的正迁移；当两者相悖时，则产生负迁移。

罗施认为，范畴中的原型符合人类认识的经济性原则，也就是用最小的努力获取最多的信息。具体表现为，范畴内的成员具有最高级别的相似性；范畴内某个成员的形象可以反映整个范畴的最高层次；它是我们认识最快的；在儿童习得语言过程中，也是最早被认知的，等等。

兰盖克提出了语言证据来界定原型意义，并缩小了任意性。他的理论可以在很大程度上区分原型意义和其他义项，也可以降低对原型意义判断的主观风险。他认为基于原型的范畴化和基于图式的范畴化不同，原型是范畴中的典型成员，范畴中的其他非原型成员是根据家族相似性扩展而来的。

随后，以兰盖克的理论为基础，泰勒和伊万斯提出了他们自己的标准来定义原型意义。具体有五点：一是原型意义是最早被证实的意义；二是在语义网络中占据主导地位；三是与其他介词的关系；四是语法预测；五是用于合成形式。

泰勒和伊万斯还在总结前人认知语言学研究的基础上提出了"原则性多义模式"，这一模式包括原型场景、原型意义等，原型场景是由原型意义所确定的。

基本每个介词都有若干义项，我们如何来定义原型义项呢？介词的典型语义是以空间为基础的，人对外部世界的体验与认知为我们构建空间结构提供了语义基础。在介词的不同义项中，原型义项是最典型的、最突出的，也是人类最先认识的，这个典型义项往往是表示空间的义项。

国内外许多学者都用实证验证了原型范畴对介词学习具有有效帮助。在我国，也有许多学者相继进行了有关研究，研究表明，借助语义网络对介词进行全面而系统的学习，可以让学习者对介词的学习事半功倍。

语言学家安德里亚·泰勒从认知视角出发，以实证的方式，在《认知语言学与第二语言学习》一书中探讨了认知语言学理论对介词习得的作用。我们选取介词 with、beyond 和 for，探讨 Tyler 以原型范畴理论为基础构建语义的过程，以此为例，表明原型范畴理论在介词语义构建中的作用。

一、介词 with

介词 with 有多个义项，基本意义是"在一起"，原型义项是最中心、最典型的义项，也是图示表征中的核心概念。根据上文泰勒和伊万斯提出的五条标准，我们引证介词 with 语义网络中的基本义项。介词 with 的原型意义表示射体和界标在一起，路径为零，属于空间域的静态关系，这种空间的静态关系最容易被人类所认知。其中射体和界标既可以是有生命的，也可以是无生命的物体。例如，She lives with her parents。这一空间静态关系可以拓展至空间的运动状态，射体和界标一起运动，两者的关系是相对静止。例如，The shadow lengthened with the approach of sunset。

除了空间域，介词 with 也可以延伸至非空间域。with 的界标可以被概念化为在某一地点能接触或者接近界标的实体。射体靠近界标或者附加在界标之中，介词 with 定义了射体和界标的关系，因此 with 具有伴随的意义，射体通过界标来表明它的位置。这种关系同样适用于抽象概念域。例如，The meal with wine came to ＄20 each。本句中，空间关系被映射到抽象域中，表示广度或者在某事物的范围之内"wine"在"meal"的所属范围内。这是从空间域到非空间域的映射，映射的手段为隐喻。

在抽象概念中，with 也可以表示"拥有"的含义，如，a girl with big eyes。本句中，"a girl"是射体，"big eyes"是界标，"big eyes"是"a girl"的一部分，也是"a girl"的属性，射体"拥有"界标，界标是射体不可分割的一部分。以这种方式，空间感被映射到表示所属的抽象概念中。

介词 with 在抽象概念中也可以表示某种关系。两个实体的客观共存既可以是相互依存的，也可能是彼此对立的。

二、介词 beyond

介词 beyond 的原型义项是"一个事物在另一事物的另一边"，表示的是空间关系，这个意义基于我们身体对空间的体验，空间域是基本的认知域，因此，这一表示空间关系的义项是 beyond 的原型义项。

通过我们最熟悉的空间域进行映射，可以映射到非空间的抽象的目标域中，beyond 所表示的时间、能力、关系等抽象域的意义都是通过空间的意义延伸而来。

从空间域到时间域的映射最普遍，人类最容易感知的是空间域，对于抽象的时间域的感知较为困难。借助具体的、易感知的空间域来理解抽象的时间域是我们最常用的认知方式。与空间域类似，在时间域中的 beyond 表示超越某个时间点或者时间范围。如 Few jockeys continue race‐riding beyond the age of 40. 此句中，"40 岁"相当于界标，在这个界标的左边，很多骑师赛马；在界标的右边，即过了 40 岁后，很少有骑师赛马了。

从空间域也可以映射到抽象域。空间域中表示的"越过某物"的空间关系映射到抽象域表示"某物除外"。如 He appears to have almost no personal staff, beyond a secretary who can't make coffee. 此句表示除了连咖啡都不会煮的秘书外，看来他似乎没有任何雇员。

综上所述，beyond 的语义范畴涵盖空间、时间、抽象概念等，在空间上表示的是"越过某事物"，在时间域内表示超越某个时间点。空间意义是 beyond 语义的核心成员，由它衍变而来表示时间、能力等抽象概念义项，它们一起构成了 beyond 的语义网络。

三、介词 for

介词 for 的原型意义表示意图，由意图意义引申出其他意义。意图意义表示的不是最终的目的，而是出发点和最终目的的中间意图。和意图意义最接近的是目的意义，表示最终的目的。在目的意义的基础上，可以引申出预期应答意义和益处意义。预期应答意义从属于目的意义，说话者在表达目的同时，会期望得到应答或回应，这就是 for 的预期应答意义。如 She is searching for enlightenment。"她"寻找"启发"的目的是希望得到"启发"的回应。for 还有表示益处的意义。如 Can you translate this letter for me? 本句中，"我"是动作的受益者，for 在此句中表示的是益处意义。

意图意义、目的意义、预期应答意义和益处意义是 for 常见的意义，各种语义间互相联系，以意图意义为原型范畴的核心，形成一个语义网络系统，从而使介词习得更加有条理。

四、原型范畴理论对介词习得的益处

介词一直是英语学习的难点，国外有不少学者对其进行了研究，并取得了显著效果，证明了原型范畴理论对介词习得的影响。

在中国也有很多学者对原型范畴理论下的英语介词学习展开研究。徐富平基于原型范畴理论，以语料库检索和语言测试为研究手段调查了英语母语者习得方位词"上""里"多个义项的情况。研究结果表明，二语习得过程明显受词义典型性制约，还受到母语语义迁移的影响。栗霞、李丽杰、左巧璟以内蒙古自治区某大学英语专业的学生为实验对象，通过实证的方式验证基于原型范畴理论和空间隐喻理论的英语介词教学方法与介词语义习得是否存在正相关关系。

胡丹基于原型范畴理论，研究了英语介词 in 的意义，并通过实证研究表明将原型范畴理论运用于介词的教学中更有益于介词的习得，可以使其更加高效。通过对数据对比分析发现，80%的受试者认为，由介词的原型意义组建拓展其隐喻意义的教学方法有助于他们对多义介词多语义形成全面而系统的认识，以及他们对介词的习得。

五、原型范畴理论对介词教学的启示

基于原型范畴理论的介词教学有利于学生重点习得核心义项，可以让学习者更好地掌握词义的内部结构，尤其了解各个义项是如何从原型意义引申而来的。以核心义项为基础，拓展至其边缘义项，形成一个系统的语义网络。语义网络可以帮助学习者更好地了解介词各个义项之间的联系，也可以引导学生逐步了解介词的各个拓展义项是如何由核心义项衍变而来的。在学习者对介词语义有更加清楚认识的基础上，介词的各个义项被串在一起，学习者对介词的语义系统形成了自己的认知系统，从而明确了学习的系统性，提高介词习得的效率。另外，这种理据性的学习方法让学习者对介词的认识更加深刻，不拘泥机械地记忆介词义项，从而有效减轻了学习者的记忆负担，学习者可以在更短时间内收获更好的介词学习效果。利用语义网络这种直观的视觉学习方法还可以提高学习者的学习兴趣，活跃课堂氛围，提高学习者学习的积极性和学习效率，从而极大提高学习效果。

第五节 隐喻与介词

一、基于概念隐喻的介词教学研究

在第四章中我们介绍过用概念隐喻理论来理解英语多义词的多个义项，对于介词的多个义项，我们也可以借助概念隐喻理论来加以理解。概念隐喻可以为人们研究介词及其教学提供一个全新的视角，为改变传统介词教学提供了新的可能。

1980 年，雷可夫和约翰逊出版了《我们赖以生存的隐喻》一书，引入了概念隐喻，使英语介词的学习进入了一个新的时代。林德斯特伦伯格强调了概念隐喻在介词中的重要作用，基于概念隐喻理论分析了介词 on 的 16 个词义。伯尔斯和德米歇尔认为，介词的不同语义可以通过概念隐喻联系起来，分析了介词的空间意义是如何通过概念隐喻延伸到非空间域。他们指出，通过隐喻可以帮助学习者理解介词的抽象意义，帮助教师在教学中有理据地解释介词的多个义项。泰勒和伊万斯在概念隐喻的基础上分析了介词 over 的语义。在用概念隐喻理论分析介词的基础上，很多学者对其在教学实践中的应用展开了研究。束定芳认为，与传统介词教学不同，基于隐喻的介词教学激发了学生的想象力和认知推理能力，让学生看到了介词多个义项间的联系，教师要培养学生的隐喻思维，使学生对介词的多个义项举一反三。胡壮麟认为，概念隐喻是语言多义性的主要原因。赵艳芳认为，概念隐喻是我们理解语言和使用语言的基础，概念隐喻为介词教学提供了理论支撑。蓝纯对比了汉语与英语的空间隐喻，分析了两者的异同。罗昕分析了概念隐喻理论下英语介词的教学研究。张光春通过实验研究法，把概念隐喻引入初中介词教学，实验研究证明，概念隐喻能降低介词学习的难度。

林梦茜以 up 等六个介词为例，探索了概念隐喻在高中英语介词教学中的应用。冯煜开展了概念隐喻视角下介词 from 的词义研究。

国内外有越来越多的学者开始关注基于概念隐喻的英语介词教学，这些研究也越来越成熟，为英语介词教学提供了全新的指导。

二、概念隐喻理论下的英语介词

隐喻不仅是传统语言学所认为的修辞手段，更是一种普遍的语言现象。认知语言学认为，隐喻是一种概念化的方式，是一种认知工具，可以让我们根据熟悉的、已有的体验去理解抽象的概念。

（一）英语介词的空间原意

1. 具体的空间范围

本章第四节提到，空间意义在介词的原型范畴中居于核心地位，是介词的原型意义。英语在表示事物空间关系时往往借助介词。介词 in 表示空间的包含关系。如 Soak it in cold water（把这东西浸泡在冷水里）。介词 on 表示一个物体在另一个物体之上。如 Put it down on the table（把它放在桌子上）。介词 at 表示空间中的某一点。如 We left at 2 o'clock（我们在两点钟离开的）。介词 under 表示空间上一物体在另一物体下方。如 She placed the ladder under the window（她把梯子立在窗户下面）。介词 up 表示一物体在另一物体之上或者向上的状态。如 They live up in the mountains（他们住在山区）。其他介词的基本意义也是空间意义，在此不做赘述。

2. 抽象的空间范围

除了表示具体的空间范围，介词还可以表示抽象的空间范围，这种语义的延伸依赖的就是概念隐喻，让我们借助具体的体验来理解抽象的概念。上文提到的几个介词都可以表示抽象的空间范围。如 I'm getting forgetful in my old age（我上了年纪，变得健忘了）。介词 in 表示的不是具体的空间概念，而是抽象的范围。On arriving home, I discovered they had gone（我一到家就发现他们已经离开了）。On 代表的是一个抽象的时间点。She got married at 25（她25岁结婚）。at 表示的不是具体空间的某个点，而是抽象的时间点。The hotel is still under construction（旅馆还在兴建中）。under 表示的"在……之下"也是抽象的。Cheer up! up 表示心情、精神状态向上的抽象意义。

3. 方向

英语中的介词也可以表示方向，如 live up in Scotland 表示"住在苏格兰",此时,苏格兰在说话者的北方。go down to the south 表示"南下",汉语中也有"上北下南"类似的表达,这是因为人类有共同的身体体验。

(二) 英语介词的隐喻意义认知分析

在语言系统中,虽然介词只占少数,但使用频率高,而且它可以与其他类词关联形成介词隐喻,然后在原义的基础上扩展各种意义。人对世界的认知源于人的空间经验,从空间概念意义作为源域到其他认知域从而获得抽象意义的认知方式揭示了认知思维与语言表达之间的本质,这对语言教学具有启发性意义,特别是对介词教学具有重要的现实意义。

与其他词类相比,介词易形成隐喻映射,其原义大多表示空间关系,进而扩展了大量其他关系。要研究介词,就需要对介词所构成的隐喻空间有一个清晰的认识。英语介词的隐喻功能是将表示空间概念的介词运用到非空间领域,抽象地表达事物,从而发挥隐喻的表达功能。空间隐喻属于图像隐喻,人们对图像隐喻的理解是介词隐喻研究的核心和关键。人们把介词所代表的空间范围投射到其他事物上,用方位介词来表达抽象概念,同时又赋予介词以隐喻意义。随着社会的进步和人类抽象思维的发展,空间介词的语义越来越丰富,从原义延伸出更多边际意义。只要有人类社会存在,空间介词的语义延伸就不会停止。空间是人类生存的第一要素。在空间范围内形成的结构关系和思维方式必然会被带入其他概念领域,下面几个概念意义都是由空间域映射的:

1. 时间意义

我们知道,空间隐喻是具体世界认知的基础。通过空间认知,我们可以更好地理解时间和其他事物。基于隐喻理论,空间域很容易扩展到时间域。例如 We left at 2 o'clock。在本句中,at 表示时间。在 in 2021 里,in 表示的也是时间。在句子 We're open from 8 to 7 every day 中,from 表示具体的时间点。在 It won't go on beyond midnight 中,beyond 表示的也是时间。除此以外，其他介词也有很多表示时间的义项，这些都是由空间域扩展到时间域的。

2. 数量意义

时间的映射接近空间，数量的映射也是如此。数量是一个抽象的概念，是由人类从具体的概念投射而来的。我们经常用数字、度量来描述数量。如：

Can you read a car number plate at fifty metres?

The village is beyond 30 kilometres.

在上面的两个例子中，数字都不是可以看到或触摸到的具体物体，然而，人们使用这些数字的时候，好像它们是可见的和常见的。因为在我们的头脑中，抽象的数量概念被视为具体的物体。

3. 情感意义

在诸如 be surprised at/be disappointed 这样的表达中，是空间域向情感域的映射。再如介词 up 有向上的意思，在表达情感时，它表示情绪高涨，而介词 down 则表示情绪低落。这是根据人的自身体验进行的认知，此时，人的身体像一个容器，高兴的时候，愉快的情绪充满了身体这个容器，情绪低落的时候正好相反。

4. 状态意义

介词还可以用来描述某件事已经完成的状态。这是介词映射到状态域来表示主语的状态。例如：

I must put my affairs in order.

I felt at a disadvantage.

在上面两句话中，介词 in 和 at 都是表示主语的状态。

5. 行为意义

介词也可以表示行为概念，如：

love at first sight

She blushed at seeing him.

此外，在 look at/ participate in 等词组中，介词也是一种行为的表达。

综上所述，在认识世界的过程中，近距离的客体在人类的认知范围内，远距离的客体具有不可预测性。空间方位直接源于人类的身体体验，人类对空间的体验构成了我们认知世界的基础。人类的认知以空间域为出发点，最先延伸到时间范畴，空间侧重事物横向的广度，时间侧重事物纵向的深度，二者相互联系、相互补充。空间意义也可以扩展至数量、情感等抽象意义。人类对世界的认知由具体到抽象，从自身开始，逐渐扩展至周围的事和物，直至一些看不到、触碰不到的抽象事物或概念。介词的原意和引申义之间并不是彼此孤立的，而是互相联系的，学习者可以借助介词的引申义来理解一些抽象句子，这体现了介词的隐喻意义。

在介词学习中，学习者把介词和身体体验相联系，能够从认知的角度上理解英语介词的多个义项以及它们之间的内在联系，从而更好地把握多个义项的认知理据性，在头脑中建构介词的语义网络，把机械学习转变为有意义学习，从而对介词更好地掌握。概念隐喻是一种抽象的思维方式，也是一种认知手段，可以解释词汇的多义、歧义和同义现象，为语言研究提供了一个新的角度。

（三）隐喻介词的修辞效果

隐喻作为一种修辞手段、思维方式和认知机制，它的使用可以使介词乃至句子更形象生动、更富有想象力。

1. 使句子更简洁

在句子中使用隐喻介词可以省略很多不必要的文字，使得句子既简洁，又生动。诸如 off, without 等很多介词本身具有否定含义，在使用时就可以省略句子中的否定词，从而使句子更加言简意赅。

2. 使句子更生动形象

英语介词的数量有限，但是它们可以与其他词组合，具有强大的造词能力。介词与一些抽象名词组合，可以使抽象概念变得具体，也能反映出事物的性质。具有隐喻意义的介词用法非常灵活，这也是其表达丰富的一个原因。介词的宾语可以是专有名词、人称代词以及抽象名词。因为介词短语也可以用作形容词，程度副词也可以通过修饰介词短语来强调想表达的意思。一些介词与名词的搭配由于使用频率高、应用广泛而成为固定短语。隐喻介词与名词的搭配不断更新，这些词组的表达更加丰富生动。

同时，隐喻介词是借助具体事物来表达抽象概念，在从源域向目标域的映射中，能充分激发人的想象力，对目标域的理解不是千篇一律的，而是个性化的。如 He let me know the secret。/He let me into the secret。两个句子的意思都是"他让我知道了秘密"，但是两个句子的表达效果截然不同。第一个句子简单陈述一个事实，谈不上生动形象。而第二个句子使用了介词 into 的隐喻性表达，这时脑海中出现一个容器，"秘密"好像这个容器，"我"进入到这个容器中，得以探个究竟。此句表达与上一句相比，动态感跃然纸上，单单通过 into 这一介词就让句子更加生动、形象，激发无限的想象，给读者留下深刻印象。

隐喻介词的使用使句子更加精炼，也使其更加生动形象，表达富有层次性。隐喻介词的使用也可以帮助学习者加深对抽象概念的理解。隐喻对介词的学习有不可替代的作用，学习者可以将介词的具体意义和抽象意义联系起来，从而更好地理解其丰富的内涵。通过概念隐喻学习英语介词，学生对于英语介词的认知从简单的理解和领会上升到应用，学生的认知思维在此过程中得到了锻炼和提升。

三、实践价值

在传统的英语介词教学中，教师往往过于注重介词的用法和功能，这实际上与学生对语言的需求相去甚远。同时，对各种含义之间的关系也没有明确解释。传统的教学方式仅仅是给出一个随机的项目列表和相应的例子。然而，当学生面对一个介词的众多义项时，他们必须通过死记硬背来学习这些含义。渐渐地，介词的学习和教学成为鸡肋。

基于概念隐喻的介词教学不仅在保持介词多种语义之间的连续性和系统性理解上具有重要作用，对于学习者更好地理解介词的语义网络、更好地把握介词的运用、促进英语学习有条不紊等方面也具有重要作用。基于概念隐喻的介词教学是对传统介词教学的有益补充，笔者在教学中也使用概念隐喻来帮助学生理解介词的多个义项，并取得了良好的效果。

一方面，教师可以用这种新的教学方法来指导介词教学，概念隐喻可以对抽象的概念以具体的事物形式来加以说明，如果这种教学方法使用得当，便可以激发学生的兴趣。这种方法可以降低介词教学和学习的难度。教师在教授英语介词时，应遵循自然规律，以隐喻主题为组织，按顺序呈现，从具体到抽象，从简单介词到复杂介词，从单一介词到介词短语；在教授某一介词时，应先从原型义开始，然后延伸到独立义，最后延伸到隐喻义。由于人的概念过程是由具体到抽象的，我们习惯先构建空间关系，然后在感知环境中构建非空间关系。此外，教师要重视学生隐喻能力的培养，在英语介词教学中正确运用空间隐喻概念，重视认知结构分析，引导学习者挖掘意义建构模式，摸索隐喻映射规则，从而促进学习者对空间映射的充分理解和对介词使用的良好掌握。教师运用认知规则对词汇意义进行深层次的解释，帮助学生认知空间意义与非空间意义之间的介词隐喻关系，从而使学习者能够系统地回忆起介词的多层含义。隐喻的认知性质和隐喻的辐射可以拓展学生词汇学习的思路，从而在短时间内进行类比学习，提高学生的理解和记忆效果。总之，将认知语言学的概念隐喻相关理论应用到介词教学中，可以突破常规词汇教学的瓶颈，使词汇教学更好地符合认知规律，从而提高词汇教学水平。

另一方面，学生在概念隐喻的理论基础上学习介词，可以引导其联系自身和对世界的体验与感知，利用自身的认知进行推断、想象，按照逻辑关系整合大脑中的相关知识，获得语言与认知之间的联系。介词学习不仅可以学习语言，还可以培养认知思维，把语言学习提升到思维层面，进行有意义的深度学习，培养认知学习能力，习得认知策略，并将这种能力和学习策略迁移到其他方面的学习中去。

第六章　基于认知语言学的英语情态动词教学

第一节　情态动词概述

一、情态的定义及分类

早在亚里士多德时期就有对情态的研究，当时的研究重点是模态逻辑，也就是必要性、可能性及二者之间的关系。几百年来，情态是古代和中世纪哲学的专属领域，后来情态才被语言学家当作一个单独的研究对象。

对于什么是情态这一问题，众说纷纭，不同学者给出了不同的观点。里昂认为，情态是说话者对语句或者语句所描述情景的看法和态度。萨义德认为，情态是说话者对表达事实进行不同程度的强调或者弱化，他将情态分为道义情态和认识情态两大类，这是被众多学者广为接受的一种分类方法。认识情态表示说话者已了解命题，并表明了对命题的态度和信念；道义情态是在道德和法律范围内表达义务、责任或许可等。韩礼德认为，情态是一种介于肯定和否定之间的表达，他把情态分为情态和意态。基于众多学者对情态的描述，我们可以得知情态是一个用于表达对命题行为做出承诺的范畴，或者是一个对命题内容表达判断的范畴。

一般认为，自然语言的情态可以表达两种类型的意义：根意义和认知意义。夸克认为，在情态动词中，制约因素可以分为两类：一类是表示许可、义务和意志等涉及人类对事件的内在控制；另一类是表示可能性、必要性和预测等主要不涉及人类对事件的控制，但通常涉及人类对可能发生或不可能发生的事情的判断。然后他进一步论证这两种类型可以被称为内在和外在形态。

毕伯采用了夸克的观点，他认为，根据其主要意义，模态可以分为三大

第六章 基于认知语言学的英语情态动词教学

类：第一类表示许可、可能和能力，如 can、could、may、might；第二类表示义务和必要性，如 must、should；第三类表示意志和预测，如 will、would、shall。每个模态可以有两种不同类型的含义，可以被标记为内在和外在。内在形态是指人类直接控制的行为和事件，与许可、义务或意志有关的含义。外在形态是指事件或状态的逻辑状态，通常与可能、必要性或预测有关。

科茨认为情态有两大类：认知情态和根情态。她认为，认知情态与说话人的假设或对可能性的评估有关，在大多数情况下，它表明说话人对所表达命题的真实性有信心（或缺乏信心）。与假设相关的情态动词是 must、should 和 ought to；与可能性评估相关的情态动词是 may、might、could 和 will。对于认知情态之外的情态，都称之为根情态。

帕尔默把情态动词分为三大类：主语指向情态动词（subject - orienter modal）、话语指向情态动词（discourse - oriented modal）和认识情态动词（epistemic modal）。1976 年，帕尔默又依据客观事实和主观态度的标准，把情态动词分为判断情态动词（epistemic modal）和非判断情态动词（non - epistemic modal）。随后，帕尔默进一步完善了情态动词的分类，将其分为三类：认知情态（epistemic modality）、道义情态（deontic modality）和原动情态（dynamic modality），并将道义情态和原动情态称为根情态（root modality）。其中，认识情态是指说话者对命题的真值或真实性的态度，这种态度可能是一种不确定性，也可能是从已知的事实中推断出的结论。

如：She may be hungry. （表示一种不确定性）

She will go to Beijing tomorrow. （表示对未来的预测或推断）

道义情态是指说话人说的虽然不是事实，但是有成为事实的可能。道义情态常用来指说话者发出的命令、禁止的任务、许可的事情或者要尽的义务。

如：You can leave now. （表示一种许可）

You must not smoke in public places. （表示禁止）

原动情态也是指有可能成为现实的事情，在意义上与道义情态类似。二者的区别是，在道义情态中，条件是外在因素；在原动情态中，条件是内在因素。

二、英语情态动词的相关研究

情态可以用不同的语言手段来表达，如情态动词、情态形容词、情态副词等，其中，情态动词是最重要的表达媒介。情态动词是语言中一种不可缺少的范畴，它能够表达说话者的看法、态度及意愿。英语中的情态动词也是情感表达的主要形式，说话者所使用的情态动词体现了说话者的态度以及内心情感和主观倾向。

情态动词作为语言学的一个分支，一直是哲学、逻辑学和语言学的研究对象。由于多义性和高频率的使用，使得英语情态动词在写作和口语中都起着重要作用。不同学者从不同角度对情态动词展开过研究，语言学家也不例外，各个语言流派都对情态动词的解释和应用进行过相关研究，传统语法主要从语法、语义和语用三个方面对情态动词进行论述。

（一）语法研究

传统语法对情态动词的意义有很多研究，在传统语法中，情态助动词被认为是多义词，它们有两种以上的意义。由于传统语法往往依赖意义标准，而不是形式标准，上述情态动词的定义和解释都是主观的，依赖直觉。情态动词的解释往往依赖语法学家对语言的感受，以及与句子有关的上下文。没有任何语境单独定义情态动词的意思是不可能的。句意的任何细微变化都会影响语法学家对上下文的推测，这种变化也会影响情态动词的定义和解释。

如：(1) He can read books by himself now.

(2) You can go now.

(3) We live near the shopping mall, so we can go shopping anytime.

情态动词 can 在不同的语境中有不同的解释：句（1）的情态动词 can 表

第六章 基于认知语言学的英语情态动词教学

示一种能力,句(2)中的 can 表示主语获得许可做某事,句(3)中的 can 表示有条件或机会做某事。通过这些例子不难发现,情态动词的具体意义不是单一的,也不是它的原始意义,而是主要取决于具体语境的推测和假设。

语法研究大致分为传统语法研究和当代转换生成语法研究。转换生成语法研究十分重视语言结构。在传统语法领域,对情态动词的一词多义现象研究主要聚焦情态动词的种类、拼写、句法功能等多种语法功能。英语情态动词被视为一种助动词,来暗示语气或者改变一个句子的语气。英语中,不同时态的情态动词有不同的拼写形式,如 can、may、will 的过去形式是 could、might、would,它们可以区分英语情态动词的多义性。就词类和句法功能而言,英语情态动词有一些独特的性质。它们后面加不带 to 的动词不定式,在现在时中,没有第三人称单数的变化。

从传统语法中对情态动词进行语义研究,有助于语言使用者更深入、系统地把握英语情态动词的交织意义,情态动词的各种用法可以得到合理解释。此外,它将有助于语言使用者理解英语情态动词的形式和意义,区分情态动词和非情态动词表达的情态意义。但从传统语法的角度描述情态在句子中的表现缺乏归纳意义。由于情态动词句的意义变化很大,传统语法对情态动词的解释显得杂乱无章。

现代语法在很大程度上得益于传统语法。现代语法开始研究人类的天性和潜意识产生语言的能力,以及构成人类语言能力的内部系统规则。由此可见,转换主义者想要揭秘我们的内部规则。在句法上,情态动词在句子转换中成为词形变化的抽象范畴,表示句子深层结构和表层结构转换时具有一致性。由于情态动词作为整个句子结构的一个内在元素,英语情态动词的多语意义逐渐消失。当使用英语情态动词的语法观点时,人们大脑中就会出现多个语义条目,从而使语言使用者可以选择一个或多个语义条目进行适当解释,从而实现对情态动词在特定语法功能中的理解。此外,句法学者往往将情态动词从动词系统中单独提取出来,通过列举情态动词的用法来解释情态动词的含义。这些解释一般采用非情态动词的转换类型来说明情态动词的意义。

在句法方面，夸克主张建立英语情态动词的语法范畴，将情态助动词纳入英语动词语法范畴的整体系统框架。这样就可以清楚地看出英语语法中的情态概念是指语法中动词范畴的情态。情态的传统解释倾向孤立地列出情态动词的各种含义。对于情态动词的多义性和意义合并，它不能做出令人满意的解释。

（二）语义研究

传统语法总是通过其直觉复述每一个意思。然而，这种方法并不能把所有的微妙含义都说清楚，反而使这些含义混淆了。与此同时，这些学者总结了两种解决方案：一是将语义标签与每一个语义联系起来，并将这些语义进行整合；二是将情态动词视为一种固定用法或语用扩展。帕帕弗拉格认为，该方法在一定程度上削弱了歧义理论的解释。

关于情态动词的研究主要有三种观点：单义说（monosemy view）、歧义说（ambiguity view）和一词多义说（polysemy view）。单义说认为，每个情态动词只有一个意义。而在实际应用中，在不同的语境中，同一个情态动词有不同的表征意义。埃尔曼、克拉特采尔、珀金斯等提倡单义说的学者认为，每一个英语模态都只有一个核心意义或基本意义，其他意义可以通过具体语境来解释。根据埃尔曼的观点，每个模态的核心意义都取决于语境，模态的其他意义则取决于语境与核心意义之间的相互作用。单义说的优点在于将不同的意义与核心意义联系起来，这与人类的本能和思想是一致的。然而，将不同意义的解释置于特定语境下，缺乏语用学的理论指导。

歧义说认为，一个情态动词有多个编码意义，但这些意义间没有联系，对于同一个情态动词意义的交叉和重叠现象，歧义说无法做出合理解释。

一词多义说的代表人物是斯威策，一词多义说是歧义说的进一步发展，它承认了情态动词多个义项的内在联系。斯威策认为，认知情态和根情态之间有

第六章 基于认知语言学的英语情态动词教学

联系,但从基本根情态到认知情态有隐喻性的延伸。他运用隐喻映射理论解释了英语情态的一词多义现象,但没有有力地解释具体语境中的情态意义。事实上,一词多义理论是一个关于英语情态动词的主流理论。里昂、帕尔默、利奇、夸克等人支持一词多义理论,他们认为,每个模态可以在不同的上下文中表达不同的意思。斯威策的一词多义理论与歧义说相似。

(三) 语用研究

克林格指出英语情态动词是操作话语命题内容的词。戈尔茨马试图建立基本意义与不同语用解释之间的关系。他认为,基本意义是指情态话语所代表的一种假定关系。帕帕弗拉格综合了上述两种讨论,认为英语情态动词是一种定量度量,是一种不完善的分类器。此外,她还为英语情态动词设计了类似的结构表示法。她从词义依赖语境的观点出发,观察和研究语义表达,阐明语义信息与语用意义相互作用的本质。她把语义元表示和关联理论相联系,探讨了英语情态动词所传递信息的各种语境因素的作用。在她看来,英语情态动词的语义是单一的,它与不同的语用内容相联系以构成一系列语境。她还提出了认知情态的元表征假设。换句话说,认识情态的表达是情态的补充部分,也标记了说话人所坚信的逻辑关系。其他类型的模态可以用元表示来说明。她把英语情态动词的研究放在语用层面上,为进一步理解英语情态动词开辟了新的视角。

在中国,也有许多学者从语用的角度来研究英语情态动词。赵璞认为,通过在认知过程中建立加工信息的操作模式,可以全面客观地描述语用实践的局限性和话语意义的决定性作用。关联理论也是语用学中的一个重要理论。赵丹以语用学为出发点,研究了英语情态动词在动态语境中的人际功能。漆舒琴还运用言语行为理论分析了英语情态动词的语用特征,加深了对情态动词的理解和使用,提高了语言使用的正确性,实现了实际交际。

（四）认知研究

20世纪80年代，随着认知语言学的兴起，认知语言学用一种全新的范式来研究情态动词，认知语言学基于人类的体验来解释情态动词，从认知的角度来解释情态和情态动词。

认知语言学家认为，语言是一种通过心理加工来表达思想的手段。换句话说，语言学家是根据人类的知识和经验来研究情态的。在探讨英语情态动词的一词多义方面，塔尔米是第一个从认知角度分析英语情态的认知语言学家。他借用约翰逊的力图式理论来解释道义情态和认知情态。他认为，在现实世界的力和障碍的帮助下，力图式可以分析模态意义。这些力图式源于我们在日常生活中的体验，这种体验是我们在成长过程中与有生命和无生命的实体进行的互动。塔尔米运用力图式分析情态动词的一词多义现象。在塔尔米的力动力模式中，英语情态动词可以扮演不同角色。他的研究不仅涉及物理学的力量和社会学的力量，而且从外部世界到内部世界，即心理理解领域。

在塔尔米的影响下，斯威策也从认知的角度对情态动词进行了研究，并在塔尔米的研究基础上进行了进一步研究。斯威策采用了塔尔米的动态语义学，利用具体的社会经验来理解抽象的推理和演绎等心理过程。斯威策认为，情态动词是从现实世界领域到理性世界领域和言语行为领域的一种投射。她指出外部世界到内部心理世界的映射导致了这种投射。基于力图式的投射呈现出一种与外界平行的隐喻结构。斯威策主张情态动词有两个主要意思：第一，道义情态，表示义务、允许或能力；第二，认识情态，表示必然性、可能性。这两种主要的意义是相互关联的，它们在隐喻上从道义情态延伸到认识情态，从隐喻投射的角度揭示了英语情态动词的一词多义现象。斯威策指出，情态动词的道义情态之所以能映射到认识情态，是因为人们习惯用外部世界的语言来理解内部世界。道义意义指的是社会互动领域，认知意义指的是推理领域。换句话

第六章 基于认知语言学的英语情态动词教学

说，道义情态涉及许可、义务和能力等意义，而认知情态修饰句子并处理句子的真值。斯威策的隐喻映射试图解释英语情态动词的一词多义现象，但特定语境中，情态意义的推理过程并没有很强的解释力，不能提供很强的语用原则来约束解释过程。

兰盖克吸收了上述两种研究方法的部分内容，并将其研究提升到较高的哲学水平，兰盖克认为，所有的英语情态动词都涉及说话者的基础谓词，并强调由效能驱动的里程碑式过程。但里程碑式过程中的权力是幕后的，模态关系存在于说话人的话语中。兰盖克提出了他对动态演变模型（DEM）这一理想模型的独特看法。这个模型有两个重要部分：一是结构世界模式，二是精细化认知模式。首先，世界是一个特别的结构化的模型，世界的特殊结构有利于某物的发生，但阻止了其他事物的发生。只要条件成熟，这些事情是注定要发生的，除非外部力量阻止它们，这被兰盖克称为"正常发展"。其次，精细化认知模式对应的是客观现实的演化，但只是客观现实演化的有限部分。换句话说，人们对现实世界及其历史演变的理解是不详尽的。对于概念化者来说，世界可以分为已知的现实和非现实。非现实与已知的现实紧密相连，称为未知的现实。兰盖克用图 6-1-1 来表示他的动态演变模型。

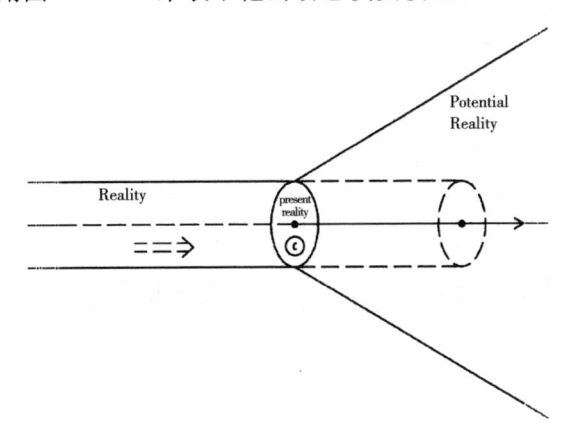

图 6-1-1 动态演变模式（DEM）

在此模型中,"reality"是世界的历史,"present reality"是存在于世界中的实体,"C"指的是概念化者。现实不是静止的,而是在当前现实不断变化的基础上前进的。当前现实的结构在很大程度上限制了未来的发展,它决定了接下来的发展进程沿着既定的路线而不是相反的方向,这被兰盖克称为进化动量。"potential reality"是指可能发生在未来演变范围内的事实。我们可以看到,进化的动量足够强大,投射未来的可能性极大,形成一个"投射事实"(虚线中的椭圆形)。

通过此图,我们可以对情态动词的意义加以区分。情态动词"can"表示未来情态是空的,"must"和"should"一般并不指代未来,也就是说,它们只是投射到现实中。"may"和"will"将现在的现实投射到未来。情态动词"may"被看作现在现实向潜在现实的投射,即在说话人的现实概念中,现在现实向潜在现实的投射是没有阻碍的。情态动词"will"从现在的现实投射到投射的现实上。现实与"will"搭配的进化动力是强大的。如果有外力的未知影响,与"will"搭配的事物必然在演化动力的影响下沿着既定的轨道向前移动。"might"与"would"的区别与"may"与"will"的区别是一致的,即潜在现实与投射现实的区别。情态动词"should"被认为是对应于投射的现实。

认知语言学家认为,意义等同概念化,概念化意味着心理体验的结构或过程的多样性,而不是现实世界中的真理条件。它表达的一个意义是说话者或听者大脑中被激活的概念,意义存在于人类对世界的主观诠释中。对意义的描述与大脑和词的关系相关,而和词与世界的关系无关。

第二节 意象图式与情态动词

在英语学习中,情态动词由于其意义的模糊性和情态动词间边界的模糊性而成为一大难点。传统的情态动词教学以传统语法为基础,教师把情态动词的

第六章　基于认知语言学的英语情态动词教学

主要意义进行简单罗列和讲解，学生采用死记硬背的机械记忆方法，学习效果不甚理想。认知语言学立足人类的认知经验来习得情态动词的内在规律。

塔尔米认为，我们可以根据力图式来理解根情态，力图式是从约翰逊提出的意象图式发展而来的。塔尔米认为，英语情态动词的根意义与物理力、障碍和路径有一些相似之处，并运用力图式理论对其认知意义和道义意义进行了阐述。许多研究运用了英语情态动词的认知意义和道义意义的区别。道义意义是指本质意义，认识意义是指可能性和必然性。道义感是指社会互动，认知感是指推理。下面我们用意象图式理论解释几个常见的情态动词。

一、can 的意象图式

can 是常用的情态动词之一，它具有多义性。塔纳卡、古森斯、安德鲁斯和纳洛格都对其进行过研究。科茨认为，can 具有"能力""可能性"和"许可"三个维度的意义，这与 can 的历时发展意义相吻合。埃尔曼和谢帕德认为，英语情态意义从非情态意义发展到道义情态意义，后来又扩展到认知意义。根模态意义之所以能被扩展到认知领域，是因为我们通常使用外部世界的语言来应用于内部心理世界，而内部心理世界的隐喻结构与外部世界平行。柯林斯认为，情态动词的认识意义表达说话者的知识和信念，或者深层的观点和态度。道义意义是指表层的许可、义务和能力。can 在表达许可或能力时被视为道义模态，在表达可能性或推理时被视为认识模态。可以肯定的是，can 既有道义意义，也有认识意义，它的道义意义与能力和许可有关，认识意义与可能性有关。

当 can 出现在我们的日常生活中时，它的含义受外部物理世界和内部心理世界的影响，外部物理世界和内部心理世界分别充当源域和目标域。道义域包括许多具体的实体，如人类的知识、技能、权威、规则和外部环境等，而认识域则表示前提的价值。can 的能力表示允许行为人完成动作的可能条件，can

的权限表示允许在权限或规则下做某事。道义可能性允许行为人在具体的外部环境的基础上采取行动。道义意义所表达的可能条件包括物质条件和社会条件。同时，can 表示的许可是指存在某种社会条件，另外，can 表示的能力是指存在的物质条件。因为"can"的道义用法是由能力的意义发展而来的，所以，道义意义包括社会许可的意义。至于认识论，它指的是可能性、推理或者根据被试者大脑中的常识或背景信息而进行的判断。常识只是指物质条件和社会条件，这一点很容易从道义意义上看出来，因为它经常出现在否定形式和疑问句中。

约翰逊认为，情态动词 can 包含了行为人的一种内在力量或能力感，行为人作为能量的来源，足以执行某些行动。尽管 can 没有限制障碍，但其主要集中在潜力或能力。他通过去除约束图式和使能图式来分析 can 的意义，解除限制指的是行为的潜能或能力，使能关系使动作在没有障碍和反力的情况下得以执行。

解除约束和使能关系是相辅相成的，前者导致后者，我们可以将这两个模式与容器和路径联系起来。当容器之类的东西被打开时，我们可以自由进出；在这种情况下，主体对容器内部有一定作用力。就路径图式而言，这意味着由于障碍被移除，任何力都可以沿着路径移动。

约束图式解除的结构要素是路径、方向性、目的地、实体的进一步发展、障碍和移动的实体。障碍物被移除，这样它就不会阻碍实体的进一步前进，而移动的实体将到达预定的目的地。约束图式移除工作如下：如果移除路径上的任何障碍，任何实体都可以沿着路径移动到目的地；该实体能够通过整个路径上的每个中间点；该轨迹的进一步前进不被任何障碍物阻挡，且该实体能够到达预定的目的地；实体沿着路径移动得越远，它从起点开始所花费的时间就越多。如：

（1）You can read books in my office.

第六章　基于认知语言学的英语情态动词教学

(2) It can be quite cold here in winter.

在句（1）中，移动的实体是"你"，方向性是你读书的意图，目的地是读书的行为，这个过程就是寻求许可的过程。障碍是"我"的反对。一旦没有异议，障碍物就被移除，这样移动的实体就可以继续前进到达目的地；"你"达到了读书的目标。如果这一切都发生在推理世界中，我们可以得到约束图式解除的隐喻扩展，获得 can 的认识可能性的意义；它的工作方式和社会物理世界一样，都有同样的限制。

使能关系不是独立的，而是约束模式移除的逻辑蕴涵。当人们意识到由于不存在障碍或反作用力，他们有能力执行某些行动时，使能关系就发生了。使能关系包含的结构元素如下：路径、方向性、目的地、移动实体，并且没有任何障碍物阻碍运动实体进一步前进。使能图式的工作方式如下：如果任何实体沿着路径移动到目的地，那么它必须能够通过路径上的每个中间点；如果没有障碍物阻止轨迹的进一步前进，实体将到达预定的目的地，而运动实体沿着路径走得越远，从开始到现在经过的时间就越长。使能模式可以很好地说明 can 的根能力意识，如：

He can read books by himself.

在这个句子中，"他"是射体，即到达预定目的地的移动实体，过程为运动路径，方向是自主阅读的意图，目的地是自主阅读的实现。如果没有障碍阻碍，最终行为人会获得成功。can 的意象图式如图 6-2-1 所示。

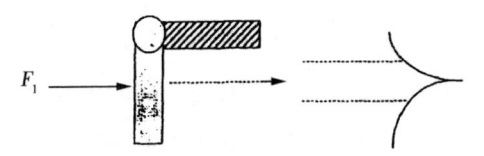

图 6-2-1　can 的意象图式

二、may 的意象图式

may 的词义演变过程与 can 类似，在古英语中，may 表达的是"能够"或者"理解"的意思，现在这两个意义已经消失。后来扩大到包括智力，或更一般的能力。在现代英语中，may 用于请求许可或表示现在或过去的可能性、不确定性、犹豫和怀疑。句子"May I come in?"表示请求许可，在句子"They may win"中，may 表示他们有赢的可能性。因此，may 与 can 的语义发展相接近，首先呈现了主体能够做某事的能力的道义模态和允许主体做某事的道义模态。前一种能力形态的一般赋能条件包括物理条件和社会条件，后一种允许仅表示社会条件。may 的语义发展既经历了表示允许和能力的道义意义阶段，又经历了表示可能性的认识阶段。然而，may 的能力意义在现代英语中已经过时。表示许可的道义意义和表示可能性的认识意义是情态动词 may 的核心意义。

may 表示许可的道义意义只出现在正式文本中，may 可以解释为"它被允许做某事"。尽管情境中存在权威和规则等外部阻力，但行为人仍被允许完成某些任务。例如，在句子 You may come if you wish 中，说话者允许主语来，这涉及说话者和主语外部因素。表示可能的认识意义具有主观性、时间参考的灵活性和使用的限制。但是，如果语境中的某些外部障碍因素，如权威、规则等很难克服，那么句中的行为人对接下来的行动就不那么确定了。这就出现了表示可能的认知模态。例如，在 He may have come 这个例子中，显然句法意义表明说话者的推理和不确定性。一般来说，may 表示可能的认识情态是指说话人根据理性规律，基于现有证据和说话人有限的知识对命题进行的内部推理。

斯威策认为，我们可以把道义情态加以扩展，从而对认识意义进行描述。至于 may 的道义情态，没有什么能阻止物质世界和社会世界的行动或进步。

然而，在意义延伸中，道义世界与认知世界在障碍或力的性质上出现了差异，这与隐喻映射中的源域与目标域的差异相似。因此，斯威策认为，在认识情态中，只有前提充当力量或障碍，前提与推理有关。我们看两个例句：

(1) You may use it.

(2) You may be wrong.

句（1）中没有任何来自社会物质世界的权威或规则的阻力，"你"可以用"它"，因为障碍已经被移除，不会有障碍阻碍。在物质世界或社会世界中没有任何力量阻止"你"使用"它"。句（2）可以理解为我可以毫不费力地得出"你错了"的结论，本句中的障碍存在于说话者的内心世界以及推理世界。这一结论的推理以对事实的加工处理为基础，没有绝对相反的事实或者证据改变这一结论。

may 的认识意义指的是说话者在现有前提下进行推理的过程中不存在障碍。

may 的社会物质世界中存在一种潜在的障碍，表示为在其意象图式中没有内部和外部约束或障碍。约翰逊采用解除约束的意象图式来研究 may 的道义意义和认识意义。某项工作能被实现表明没有潜在的障碍或者障碍已被移除，这与情态动词 can 非常相似。may 表示许可的道义情态可以用图 6-2-2 的约束图式的移除来表示。

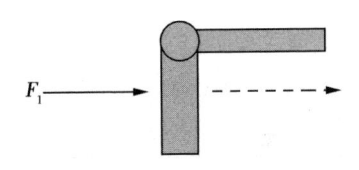

图 6-2-2　may 的意象图式

不难发现，情态动词 may 的意象图式与情态动词 can 的意象图式类似。帕尔默认为，由于"可能性"和"许可"的相似含义，这两个情态动词在道义情态和认识情态上仍存在差异，且存在自由变异。珀金斯认为，may 与 can 具有相同的核心含义。科茨认为，在日常使用中，这两个情态动词在意义上有重叠之处。大致来说，情态动词 can 只表示"理论上的可能性"，用在肯定句中，理论上描述的是可能发生的事情，却不涉及具体的人或事。情态动词 may 的语气比 can 弱。它通常指的是"实际的可能性"，即探索一个假设的可能性，并根据对实际情况的预测提出一定结论。我们对比如下两个句子：

（1）You may be injured.

（2）You can be injured.

句（1）是基于实际情况得出的结论，而句（2）表达的是一种观点，语气比句（1）强烈。

除了认识情态方面的差异外，情态动词 may 和 can 在道义情态方面也经常出现差异。情态动词 can 和 may 都表示允许，但是 can 一般与第二人称和第三人称连用，表示"一般许可"，暗示主语可以做某事。然而，may 指的是"权威许可"，它表示允许主语做某事。我们在习惯上认为 can 是不礼貌的，因为它是"一般许可"，但 may 是更礼貌的，因为它是"权威许可"，所以它经常在正式文体中出现。在口语中，can 的使用频率较高，这是因为 can 表示的含义比较模糊，而 may 明显地表现说话人的许可。因此，意义的差异导致了情态动词在文体使用中的差异。

三、must 的意象图式

情态动词 must 通常用来表示确定性，也可以用来表示必要性或强烈的推荐。在古英语中，must 表示"能够"和"许可"；中世纪，它的意思演变为道义意义的义务；现代英语中，must 用来表示说话者肯定的推断。作为情态多义词，must 有两个主要义项：表示义务和必要性的道义情态与表示逻辑推理的认识情态。如 I must finish the assignment tonight 表示在社会物质世界中必须要完成的事情。You must have come down with a bad cold 则表示的是合理的推断。对于must的道义意义，我们可以理解为"有必要做某事"。说话者处于某种权威地位宣布义务，而另一方说话者则要履行义务。有时讲话者有必要承担责任。must的认识意义表示说话者对其话语的信心，这是从说话者所陈述的事实中推断出来的，must的认识情态表示的是推测。

must在现实世界中是指说话者或者行为人施加给主语或者其他人的一种力量，让他们履行一定义务。在认识世界中，must表现出某些认识力，迫使说话者获知其他相关的人得出句子中的结论。

以意象图式为基础的隐喻将社会物理世界映射到认知世界。如前所述，情态动词must的两个主要模态分别对应两个概念域，即道义域和认知域。我们可以发现这两个领域之间的联系和对应关系，从而将道义和认知之间的关系视为隐喻映射。must的认知力是道义域的强制义务。

塔尔米建议必须在一开始就设置一套限制一个人的行动范围的障碍。相反，斯威策放弃了这一提议，并将其分析为一种引导主体走向行为的强制性力量，她指出根意义可以扩展到认知域。基于上述发现，我们可以利用强迫图式来说明must的意义。有时我们觉得好像受到某种外力的驱使，这叫作强迫。正如我们之前提到的，强迫性图式是一种力图式，它包含一种外部力量，物理上或隐喻上推动或倾向推动一个物体。例如，当我们被水、风或移动的人群推着的时候，我们可以感觉到身体上的强迫；我们在感受到某种压力的情况下也是一种隐喻的强迫。强制模式包括以下结构元素：源或起点、目的地或终点、方向性、使实体移动的力量。

由强迫图式驱动的隐喻表达概念化的基本逻辑如下：如果任何外在的力量被赋予了意志力，它将能够使任何被动的主体移动，并对这样的主体施加控制。种力量既可能是以情感的形式，也可能是以任何其他抽象实体的形式。如果沿着一条路径从一个源点被带到一个目的地，那么必须经过这条路径上的每个中间点，并且在这条路径上走得越远，从开始到结束所花费的时间就越长。

这种力量有不同的表现形式，可以是物理力量、父母的权威、同伴的压力，或道德权威对人类意愿施加的压力。认识模态就以这种方式体现出来。如果这些以情感形式或者其他抽象实体形式表现的力量来自说话者或句子之外被赋予意志力的任何其他施动者，它就控制了句子主语的运动。有时 must 表示的是不可抗拒的理性力量，而非认知世界的物理力量，这种力量迫使说话者和其他相关的人得出某个结论。强迫图式明显地阐述了 must 的道义形态，我们用图 6-2-3 来表示 must 的意象图式。

图 6-2-3 must 的意象图式

四、should 的意象图式

should 作为情态动词，表示"义务或责任""结论或想象的结果"。should 不仅可以与第一人称代词连用，也可以与第二、第三人称代词连用。should 的用法表明了 should 包含道义情态和认识情态，这是 should 的两个主要意义。

should 的道义意义主要表现为道德义务、责任，或者提出的建议，对正确程序的描述等。例如：You shouldn't drink and drive。本句表达的是施加在说话者身上的义务。在句子 You should be honest 中，should 表示的是道德。在句子 You should keep it in a cool and dry place 中，should 表示的是一种正确程序或操作步骤。从以上例子可以看出，should 往往与外部力量有关，比如道德规范、权威、法规等，这些外部力量会迫使行为者采取一定行动，这样我们可以推断出 should 的道义用法源于社会物质力量。此外，should 通常指在将来要发生的事情，也就是说，说话者所指的事情还没有发生，至少现在还没有发生，如果说话者的建议被采纳，那么这件事在将来就会发生。

should 的认识意义表示的是暂定的假设或者对可能性的评估，这主要取决

第六章 基于认知语言学的英语情态动词教学

于说话者所知道的事实。与 must 的认识情态相比，should 表示一个不太自信的假设。must 表示说话者确信某事，而 should 的认识情态指的是说话者认为某事是有可能的。如在句子 We should arrive before dark 中，should 表示说话者基于某些信息所做出的推断。

在对 should 的道义情态和认识情态分析的基础上对隐喻映射进行理论分析，我们可以看出源域的道义情态成分是义务，义务是由道德规范、权威、责任等外部力量衍生而来的。然而，在认知模态的目标领域，说话人会根据一些可用的前提或已知的事实做出一些假设。如上所述，情态的两个域是存在隐喻性联系的，在源域道义情态"义务"的映射中，认识情态的"假设"是目标域，这是基于它们的相似性——两者都是由力量驱动的。should 的意象图式也聚焦道德规范、权威、义务等外部力量，这些外部力量产生了句子主体或者行为者的方向性。这些力作用于主体的行为或行动，如果主体真的接受了这些力，那么主体的行为就会改变。

在意象图式上，should 着重外力，图 6-2-4 可以代表 should 的含义。

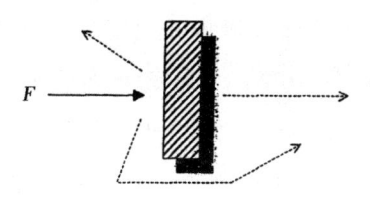

图 6-2-4　should 的意象图式

五、will 的意象图式

will 在古英语中表示希望或渴望，后来 will 演变为将来时的表达，尤其用于第一人称后，表达一种意志。意志是一个认知过程，一个人通过意志完成某种行动过程。意志被认为是一种有意识的努力，是人类主要的心理功能之一，如动机、目标、期望和认知。在语言学中，意志指的是在某些语言的动词变位中出现的一种区别，用以表达主语是否有意执行某一行为，或者这一行为是自愿还是偶然完成的。如今，will 被称为情态动词，它表示未来的意义往往与认知意义相关联。克林格指出了意图和未来的意义可以被解释为"情境表征是对世界形势的真实描述"。情境表征真实与否可以通过未来情况是否发生来判断，因为没有人对未来会发生什么有绝对的了解。兰盖克在动态演变模型的基础上阐述了 will 的含义，强调了结构世界的动力方面。

情态动词 will 也有道义意义和认识意义，道义意义主要表示意愿和意图。如在句子 She'll listen to music, alone in her room, for hours 中，will 表示意愿，可以理解为"她愿意独自在房间听音乐"。在句子 I will stay in Paris for two weeks 中，will 表示的是一种意图，我们可以理解为"我打算在巴黎待两周"。虽然上面两个句子中的 will 都有意志的含义。然而，第一句的 will 表示的意图强调的是主体的心境，而第二句中 will 的意愿则强调对未来事件的预测。

will 的认识情态表示可预测性和预测，可预测性表示说话者对某一命题的信心，可以理解为"我可以自信地预测……"与 must 认识情态不同的是，will 所表示的说话者的自信不是基于逻辑推理的过程，而是基于常识或重复的经验。will 的认识情态在某种程度上与一般真理和习惯有关。此外，will 的认知模态表达的是信心，而 may 的认知模态表达的是怀疑。在 Engines won't run without lubricants 一句中，事实"发动机没有油不会运转"是基于说话者的常识。在 He would spend hours on the telephone 中，"他"的习惯是打几个小时电话，这是说话者的重复体验。

will 认知情态意义中对未来时间的预测可以解释为"可以预测……"但是，有时 will 用于预测的认识意义带有不确定性、意志等。

由此可见，表示可预测性的 will 的认知情态是说话人对当前的情况做出判断，而表示预测的 will 的认知情态是与未来时间有关的推理。基于以上对情态

第六章　基于认知语言学的英语情态动词教学

动词 will 道义意义和认识意义的分析，说话者意图包括两个方面：一是涉及说话者心理状态的意向，二是聚焦某些未来事件的意愿。根据隐喻映射理论，认识目标域的可预测性可以映射到意志的源域。意志的源域反映了主体的心理状态，这种心理状态恰恰反映了基于常识或重复的习惯经验对事实的自信。同样，道义领域的意愿感隐喻地投射到目标的预测认识模态上，因为两者都和未来事件紧密相关。

will 的道义模态和认识模态通过对强迫图式的隐喻映射的概念化来说明。强迫力有不同的解释方式，它是指来自权威的力量或施加到人类身上的压力等物理力量。如果来自说话者或者句子之外的任何其他施动者的外部力量被赋予了意志力，那么句子的主体决定做某事或预测将来发生的事情。情态动词 will 既可以表达意愿和意图的含义，也可以表达认识意义的可预测性。will 的意义可以通过隐喻映射概念化中的强迫图式来阐释。

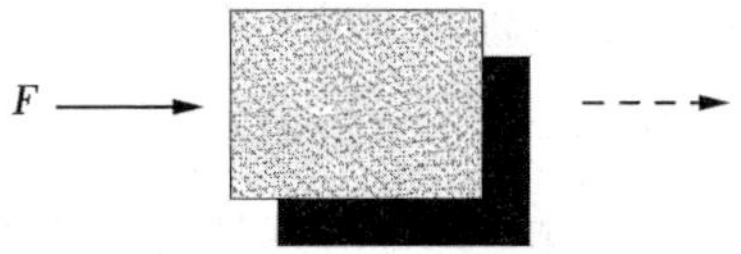

图 6-2-5　will 的意象图式

认知语言学认为，英语情态动词是人类语言与思维之间的基本范畴，能够很好地解释各种情态的多重意义之间的关系以及情态习得与人类认知之间的关系。本节在前人研究的基础上，提出了一种新的视角——意象图式和隐喻映射理论分析，该视角立足人类认知，旨在拓宽英语情态动词多义关系的研究范围。本节分析了 can、may、must、should、will 几个情态动词的意象图式，论证了情态动词的道义情态和认识情态之间的多义关系。这些意象图式有接触约束图式、强迫图式和阻塞模式，借助这些意象图式可以帮助学习者更好地分析情态动词的物理力量和心理力量。英语情态动词的多义性也通过意象图式表现出来，这对英语情态动词的习得有巨大帮助。

第三节　概念隐喻与情态动词

　　隐喻作为一种特殊的认知机制，被用来概念化外在的物质世界。隐喻映射的范围可以大致反映人与外部世界互动所产生的概念化的物理体验。斯威策利用隐喻映射对情态动词的多义词进行了研究。她认为语言中的情态是一种从社会物理领域到心理认知领域的系统隐喻映射。

　　斯威策认为，情态动词的根意义指的是社会物理角度的能力、义务、许可，根意义和客观的物理世界紧密联系，通过隐喻的思维方式将其意义从社会物理领域延伸到心理认知领域。认识论意义在认识论世界中形成，它是指对某一事件发生的可能性、必要性和概率的理性判断。也就是说话者推测发生在物质世界的事情，说话者的思辨思维表现出一定的逻辑关系。在言语行为世界中，情态动词具有言语行为意义和言语行为力。在言语行为的世界里，讲话者的陈述被认为是合理的。她高度评价了隐喻系统的普遍性和连贯性，其使用外部社会物理领域的语言形式来描述内部心理领域。从历时的角度来看，隐喻系统带来了语义的变化；同时，它是由语言词汇的多义词来表示的。斯威策详细考察了情态，以发现外部世界和内部世界之间的共时歧义，即情态动词在道义意义和认识意义之间的歧义。

　　斯威策认为，有普遍的证据表明，从外部身体经验的角度隐喻性地理解内部心理状态。我们发现，推理和判断的认知域与外部社会物理模态的根域之间的动机语义连接是通过隐喻映射机制运作的。认识世界是通过与外部物理世界的相互作用来理解的。她声称认知模态与力—动力结构隐喻并行。很明显，我们的社会物理和认知领域的经验有一些共同的结构，可以实现隐喻映射。认知模态被看作我们由社会—身体模态概念到理性认知世界的隐喻。一词多义的根源和认知情态是一种由隐喻映射建立起来的一词多义关系。

第六章 基于认知语言学的英语情态动词教学

她认为,认知义项和言语行为义项是根义项的延伸,情态的多义现象在根义项、认识义项和言语行为义项之间有系统的表现。这种方法将情态动词的道义意义和认识意义分离开来,从而结束了对情态动词的传统分析,统一了情态动词的词根意义和认识意义的对比。

斯威策提出情态是一种从现实世界到客观世界以及人的言语行为的映射。她认为认识情态是道义情态的语义延伸。道义情态是指与现实世界相关的情态,包括义务、许可、能力等,而认识情态表达必然性、概率论和可能性。她进一步分析映射实现的原因可能是人类倾向将外部物理世界的语言应用到内部心理世界。此外,该应用往往呈现出一种与外部世界平行的隐喻结构,其隐喻映射建立在力图式的基础上。

斯威策发现,人类总是将外部物理世界形成的语言应用于内部心理世界,而跨领域的应用隐含着一种与外部物理世界平行的隐喻结构。也就是说,借助力意象图式,一个系统的隐喻结构从外部的物理世界映射到内部的心理世界。我们以情态动词 can 为例,看三个例子。

(1) I can run fast.

(2) He couldn't answer the question.

(3) Can you call back tomorrow?

句子(1)的意思是"我可以跑得快",这是社会物质世界的基本含义,表达说话人在外部物理世界中是否具有一定能力去做某事,这与物理行为直接相关。而句子(2)在心理认知世界中表达认知意义,它的意思是"他不可能回答这个问题"。认识论意义是指内在认识论世界中理性思维的逻辑思辨。说话人通过先前的认知来推测事件发生的可能性,并做出理性判断。句子(3)是情态动词 can 在言语行为世界中的言语行为意义。它是指在言语行为世界的临时语境中,将说话人的陈述视为合理的语用要求的言语行为力。从斯威策对情态动词 can 的解释中可以看出,身体知觉是理解情态动词的认知基础。然后物理感知延伸到主体是否能够实现某种行为的可能性的逻辑思辨，最后发展为言语行为意义。

第四节　原型范畴理论与情态动词

雷可夫和泰勒在原型范畴理论的基础上认为，词的意义属于语义范畴，各种义项是对应的范畴成员。他们坚持认为，认知机制隐藏在意义术语的相互关系中。泰勒认为，多义词相邻义项具有共同特征，非相邻义项往往具有不同的意义，而不是所有义项都具有同一意义特征。意义延伸是通过意义链来实现的，意义链中的任何一个连接点都可以视为意义延伸的起点。

雷可夫提出了辐射范畴，辐射范畴为多义词现象的意义延伸提供了更为深入细致的分析。他认为，多义词是基于类别原型范畴的最典型代表。各种义项是一个综合语义范畴的范畴成员。义项意义越接近中心原型，其原型性就越强；反之，义项意义越远离中心原型，其原型性就越弱。由此可以得出，一个辐射范畴是以原型意义为中心进行的意义延伸。范畴化是人类认知的一种重要手段，是一种高级认知能力。人类观察客观事物的属性，然后将这些属性与自己的身体经验相结合进行分类。分类过程被视为范畴化。范畴是以原型为中心的，它们通过家族相似性不断地扩展自己，其成员的属性是重叠的，相邻类别的边界是模糊和交叉的。原型范畴理论可以用来发现隐藏在语言现象中的认知机制。英语情态动词意义的延伸阐释也可以借助原型范畴理论，我们用以下几个情态动词举例说明。

一、情态动词 can

can 做情态动词时有多个意义，其中多数义项是道义情态和动态情态，can 的原型意义是道义情态。

(1) Can you call back tomorrow?

(2) You can use the phone in you want to.

(3) I could hear footsteps.

道义情态是在道德和法律范围内表达义务、责任或许可。通过这几个例句我们可以看出，can 表示道义情态时，表达说话者对听话人的某种权威或命令，允许听话人做某事或者禁止听话人的某些行为，而说话人的命令是基于社会法则或生活规则的，句子的主语是动作的发出者，通常为第二人称。

二、情态动词 may

may 做情态动词时，其原型意义也是道义情态。

(1) You may come in if you wish.

(2) May I come in?

may 道义意义的原型也是表示说话者对听话人的命令或许可，其命令基于社会法则或生活规则，主语是动作发出者，通常也是第二人称。

三、情态动词 must

在《牛津英语词典》中，must 的第一个意义表示"有义务做某事，必须做某事"，第二个意义为"符合逻辑的推理，一定，想必"。

(1) I must go.

(2) You must be tired.

与 can 和 may 类似，must 的原型意义也是道义意义，表示说话者的命令，此命令也是基于社会法则和生活准则，表达说话者发布命令、要求或禁止说话人做某事，而且一般用于主动语态中，主语是动作的发出者。

四、情态动词 should

(1) You shouldn't drink and drive.

(2) You should stop worrying about it.

(3) You should stop worrying about it.

shuld 的原型意义也是道义情态，表示听话人有责任或义务做某事，这种责任或义务既可能是道德方面的，也可能是法律方面的，主语通常是第二人称。

通过对以上情态动词的共时和历时研究分析，我们可以看出，情态动词的原型意义都是道义意义，表示说话人对听话人的命令、要求，或者禁止听话人的行为。这种命令或要求都是基于社会法则或者生活准则，句子的主语通常是第二人称。

英语情态动词体现了原型范畴的作用。从原型范畴理论的角度可以探讨英语情态动词的道义意义和认识意义及其相互关系。当情态动词被视为多义词时，很明显，道义意义在社会物质领域是原型，心理认识域的认识意义是边缘成员。道义意义是原型范畴，认识意义是边缘成员，力和阻碍是家族相似性，这三个因素构成了一个完整的语义范畴。原型范畴理论揭示了多义词情态动词的认知机制。这启示我们，英语教师可以运用这些认知机制向学生解释情态动词的多义性，而这些认知机制将使情态动词的一词多义现象更容易被理解。

第五节　基于认知语言学的英语情态动词教学

在情态动词教学中，传统的语法教学几乎占据了主导地位。传统的语言教学观点认为，所有情态动词都有其一致的基本意义，不会因动态语境而改变。情态动词多义的原因在于，特定的语境使其具有一定的附加意义或次要意义。

第六章　基于认知语言学的英语情态动词教学

语言学习者要想掌握情态动词的用法，首先要掌握情态动词的基本义和附加义，掌握情态动词的基本义是掌握情态动词的关键一步。在传统的情态动词教学过程中，语言教师倾向以孤立的、静态的方式描述或列举情态动词的意义和句法功能，这无法对情态动词的多义词特征及其内在联系提供合理解释。

认知语言学家不是把意义看作外在世界中物体、事件或关系的机械表征，而是通过语言表达人类对外在世界的主动认知。语言不再被看作一些独立的、封闭的子系统，而是一个综合的系统，各种认知能力和经验交织在其中。认知语言学家寻求在综合的语言系统中发现模式和原则。

而认知语言学家则通过意象图式理论和概念隐喻理论将情态动词的意义视为人类的认知过程。从认知语言学的角度对情态动词的意义进行了更系统、更完整的解释，这对外语教学有很大帮助。从认知角度探讨情态动词的教学应用具有极大的可行性。

在学习英语情态动词时，教师可以运用泰勒的意象图式解释情态动词，讲授认知语言学中的一些概念术语，包括物理经验、物理空间域、范畴化、意象图式、隐喻和隐喻映射等。随后，教师引导学生将这些认知语言学术语与情态动词的含义联系起来，用意象图式来表示每个情态动词及其含义，并结合例句帮助学生理解其含义。教师进一步启发学生从认知意象图式的角度重新审视情态动词的社会物理意义和心理认识意义。最后，呈现情态动词的综合语义范畴来说明情态动词的隐喻扩展机制。我们可以把情态动词的教学步骤归纳为以下三步：

第一步，用意象图式分析情态动词的道义意义。教师可以把每个情态动词的意象图式用图展现出来，再根据具体的例子来解释情态动词的道义意义和认识意义。

第二步，通过隐喻映射分析情态动词的认识意义。情态动词的认识意义与说话人对命题的判断或确定性有关，即说话人对某个命题进行逻辑推测。它是内在认知世界中的理性思维过程,说话人通过现有证据推测命题,并通过先前的认知做出理性判断。结合例句,教师总结情态动词的认识意义是指说话人对命题进行判断的推理过程,并与心理内心世界相关联。认识推理与句子的社会物理世界中的权威力量是平行的。一般来说,人们都希望得出受某些前提限制的推理结论,因为这种推理过程增加了更多的确定性,使他们的知识变得有价值。

第三步,根据原型范畴分析完整的语义范畴。教师引导学生通过原型范畴和隐喻映射建立多义项间的联系。社会物质世界的道义意义来自源域,通过隐喻映射到心理认识世界,通过相似的思维方式实现隐喻意义的延伸。同时,道义意义也可以看作情态动词的原型范畴,"力与阻塞的相互作用"的家族相似性使得认识意义作为一个边缘成员在语义范畴中产生。因此,情态动词完整的语义范畴就清晰地展现出来,其中,它的多个义项彼此相互联系。

认知语言学启发教学法是一种特殊的教学辅助手段,能使语言学习者意识到语言与身体体验的联系。英语教师应该帮助学生培养隐喻思维能力。英语学习者需要提高对意义延伸背后的认知动机的认识,并努力培养自己识别这些认知动机的能力。虽然认知方法的有效性与语言学习者的智力水平相关,但认知导向方法确实使语言学习者在理解和使用情态动词方面更有信心。

教学实践表明,以认知语言学理论为辅助对多义词情态动词的理解和应用方面有明显的促进作用。认知语言学的意象图式、概念隐喻和原型范畴理论确实能够对多义词情态动词教学产生积极影响。意象图式理论通过力阻图式直观地展示了情态动词的道义意义,概念隐喻理论揭示了认识意义是如何通过隐喻映射机制从根源上实现隐喻扩展的,从而帮助语言学习者理解抽象的跨领域映射。同时,原型范畴理论将道义意义作为范畴原型,将认识意义作为范畴的外围成员,使两种意义紧密联系在一起,通过家族相似性将它们整合成一个完整的语义范畴。这些认知机制不仅有助于我们对情态动词个体的微观理解,而且

第六章　基于认知语言学的英语情态动词教学

有助于我们在宏观上更全面地把握情态动词意义的内在联系。

基于认知语言学的英语情态动词教学也有一些挑战。首先，英语教师应将教学实践与语言学理论相结合，挖掘语言表达背后的认知机制和动机。同时，需要将这些认知机制和动机运用到教学实践中。其次，英语教师应积极培养学生的认知思维意识，以帮助其理解和获得语言知识，包括概念隐喻、隐喻映射和意象图式、原型范畴等。此外，教师要引导学生探索"现实－认知－语言"的相关性，只有这样，学生才能逐渐形成认知思维方式。俗话说："授人以鱼，不如授人以渔。"教师要帮助学生掌握认知思维方式，这样才能使学生获得可持续的自主学习能力。

参考文献

[1] 李静. 初探认知语言学理论在大学英语词汇教学中的应用 [J]. 校园英语, 2021 (07): 16－17.

[2] 秦洁. 认知语言学启示的英语动词短语课堂教学设计 [J]. 科教导刊, 2021 (04): 146－147＋165.

[3] 黄光明. 浅谈认知语言学对高中英语词汇教学的启示 [J]. 英语画刊 (高中版), 2021 (04): 110－111.

[4] 杜芳, 胡蓉. 认知语言学下英语专业学生通感式多义词习得分析 [J]. 作家天地, 2020 (23): 16－17.

[5] 朱玲. 语言理据性对中学英语多义词教学的启示 [J]. 江苏教育, 2020 (75): 42－46.

[6] 贾雯. 基于认知语言学视阈下的高校茶文化英语词汇教学策略研究 [J]. 福建茶叶, 2020, 42 (09): 207－208.

[7] 尹倩. 认知语言学视角下的大学英语语法教学 [J]. 校园英语, 2020 (24): 54－55.

[8] 李会芳. 认知语言学视阈下高校英语翻译教学浅析 [J]. 长江丛刊, 2020 (15): 59＋61.

[9] 刘晓敏. 认知语言学视角下的初中英语时态教学研究 [D]. 上海: 上海师范大学, 2018.

[10] 段杨洁. 基于使用的语言观在初中英语基本句型教学中的实验研究 [D]. 广州: 广州大学, 2018.

[11] 马永田, 张丽莹. 认知语言学视阈下的英语词汇教学探索 [J]. 外语教育, 2016 (00): 1－9.

[12] 王寅. 基于认知语言学的翻译过程新观 [J]. 中国翻译, 2017 (6): 5

—10.

[13] 文旭，肖开容. 认知翻译学［M］. 北京：北京大学出版社，2019.

[14] 林梦茜. 概念隐喻在高中英语介词教学中的应用研究［D］. 南京：南京师范大学，2020.

[15] 孟玉玉. 基于概念隐喻理论的初中英语介词教学实证研究［D］. 长沙：湖南师范大学，2019.

[16] 张光春. 概念隐喻在初中英语介词教学中的实验研究［D］. 赣州：赣南师范大学，2018.

[17] 罗昕. 概念隐喻理论观照下的英语介词教学研究［D］. 广州：广州大学，2013.

[18] 毕丹. 基于认知语言学的高职英语微课教学模式创建及应用研究［J］. 鄂州大学学报，2020，27（03）：41－43.